Bruno Sauer

Die Anfänge der statuarischen Gruppe

Verone

Bruno Sauer

Die Anfänge der statuarischen Gruppe

1st Edition | ISBN: 978-9-92500-094-4

Place of Publication: Nikosia, Cyprus

Erscheinungsjahr: 2016

TP Verone Publishing House Ltd.

Nachdruck des Originals von 1887.

Inhaltsübersicht.

EINLEITUNG.

Die alten Sprachen haben kein Wort für den Begriff der Gruppe[1]). Die neueren verdanken dieses sehr mannigfaltig gebrauchte Wort dem Italiänischen und verbinden mit demselben, seiner Ableitung[2]) gemäfs, den Begriff einer auf mäfsigen Umfang beschränkten Zusammenstellung gleich oder ähnlich gearteter Gegenstände.

Als technischer Ausdruck von präziserer Bedeutung tritt das Wort in der bildenden Kunst auf und wird auf beide Gebiete derselben angewendet. Doch nicht ohne Unterschied: während es in der statuarischen Kunst zur Bezeichnung einer besonderen Kunstform geworden ist, bedeutet es in Malerei und Relief nicht mehr als ein Kompositionselement; während uns hier vorwiegend das Abstraktum »Gruppierung« begegnet, ist dort das Konkretum »Gruppe« fast ausschliefslich in Gebrauch. Diese Erscheinung erklärt sich aus dem verschiedenen Charakter der beiden Kunstarten: in Malerei und Relief, die durch keine technischen Gründe auf die Einzelfigur hingewiesen sind, bildet der gegebene Mal- oder Reliefgrund schon ein verbindendes Element, so dafs es nur noch darauf ankommt, wie der Künstler die einzelnen Figuren miteinander verbindet, gruppiert; für die statuarische Kunst dagegen, deren Hauptgegenstand die Einzelfigur ist, die aufserdem jener günstigen Voraussetzung entbehrt, besteht das Problem der Gruppierung vor allem darin, dass mehrere Figuren zu einem Ganzen ver-

1) σύμπλεγμα bedeutet bekanntlich nicht »Gruppe« im allgemeinen, wie Ziemann, de anathematis Graecis diss. Regiom. 1885, p. 28, n. 4, meint, sondern kommt nur in erotischer Bedeutung vor; diese Thatsache als bekannt vorausgesetzt, ist gegen die Einführung des Wortes in das gelehrte Latein nichts einzuwenden, zumal auch die neugriechische Schriftsprache den Begriff von σ. in diesem Sinne erweitert hat. Ein einigermafsen befriedigendes lateinisches Wort wird sich schwerlich finden.

2) m. lat. groppus und gruppus = Haufen, Masse; verwandt mit skand. kryppa und dem deutschen »Kropf«, vgl. Diez, etym. Wörterb. d. roman. Spr. I, 224; Littré, dict. d. l. lang. franç. s. v. croupe.

bunden werden, und die dort ausschliefslich bestimmende Rücksicht, wie das geforderte Ganze zu komponieren sei, kommt hier erst später in Betracht.

Eine gesonderte Betrachtung der historischen Entwickelung der Gruppe in der statuarischen Kunst ist darum nicht nur gerechtfertigt, sondern lässt von vornherein bestimmtere und besonders auch kunsthistorisch wichtigere Ergebnisse erwarten, als eine gemeinsame Behandlung beider Gebiete, wogegen es kaum der Erwähnung bedarf, dass Werke der Malerei und Relieftechnik oft wertvolle Analoga für die statuarische Kunst darbieten, also niemals ganz aus den Augen zu lassen sind.

Bei den statuarischen Gruppen der neueren Kunst ist materielle Verbindung der Figuren das Gewöhnliche; meist ist auch die Zahl der verbundenen Figuren eine beschränkte. Wollte man eine aus diesem Material gewonnene Definition auf die griechische Kunst anwenden, so würde schon eine kurze Musterung unserer literarischen und monumentalen Quellen zu dem Ergebnis führen, dass einer allzueng gefassten Definition zu Liebe eine grofse Zahl von Kunstwerken aus der Reihe der Gruppen zu streichen wären, die doch ihrem inneren Wesen nach in diesen Zusammenhang gehören. Die erstaunliche Mannigfaltigkeit, welche die alte Kunst hier auszeichnet, lässt die neuere auf dem gleichen Gebiet einseitig, fast arm erscheinen, und diesem verschiedenen Verhalten der beiden grofsen Kunstwelten ist es wohl zuzuschreiben, dass die Ästhetik unserem Stoffe gegenüber sich meist schwankend und unsicher gezeigt hat, besonders aber einer scharfen Definition des Begriffes der statuarischen Gruppe ausgewichen ist[3]). Wir müssen deshalb für die gegenwärtige Untersuchung auf ein bequemes deduktives Verfahren verzichten und hoffen im Gegenteil, dass wir auf dem Wege der Induktion zu Ergebnissen werden gelangen können, die für eine vorwiegend ästhetische Betrachtung des Gegenstandes eine sichere Grundlage abzugeben vermögen.

Unser nächster Zweck indes ist eine historische Behandlung des Stoffes. Eine solche empfahl schon Konrad Levezow, meines Wissens der erste, der Gelegenheit nahm, die statuarischen Gruppen der alten Kunst im Zusammenhange zu betrachten (die Familie des Lykomedes S. 16 ff.). Seine von trefflich gewählten Beispielen ausgehende Unter-

---

3) Siehe besonders Herder, Plastik, S. 137 ff.; Schelling, Werke I 5, S. 267; Hegel, Werke III 2, S. 435 ff.; Feuerbach, Vatic. Apollo [2], S. 176 ff. 292; Vischer, Ästhetik III 1, S. 391 ff. 450 ff. 461 ff. 466 ff.; Carriere, Ästhetik II, S. 152 ff. 159 ff.; vgl. auch Riegel, Grundriss der bild. Künste, S. 97 ff.

suchung führte ihn zu einer Klassification, die man zum Teil heute noch als giltig anerkennen muss. Er ordnet — allerdings mit Übergehung der zweifigurigen Gruppen, die ihn damals minder interessierten — die mannigfaltigen Formen der antiken Gruppe nach zwei Gesichtspunkten, erstens nach der Enge (1 oder mehrere Basen), zweitens nach dem Charakter (gesellschaftliche Verbindung oder Handlung) der Gruppierung. Er unterschied demnach:

A. Gesellschaftliche Gruppen

a. auf gemeinschaftlicher Basis,
b. auf getrennten Basen.

B. Historisch-dramatische Gruppen

a. auf gemeinschaftlicher Basis,
b. auf getrennten Basen.

Ihm folgt, gröfstenteils mit Berufung auf dieselben Beispiele, Anselm Feuerbach in seiner Geschichte der griechischen Plastik [4]).

Später ist meines Wissens nur noch Ernst Curtius auf den Gegenstand zurückgekommen bei Gelegenheit der Besprechung einer dreifigurigen Gruppe des olympischen Westgiebels in Westermanns Monatsheften Bd. 51 (1881/2), S. 214 ff. [5]). Er zieht, zu bequemerer Veranschaulichung der verschiedenen Gattungen, eine Parallele zur Dichtkunst und unterscheidet epische, lyrische, dramatische Gruppen. Natürlich beabsichtigt er nicht, hiermit eine erschöpfende Klassifikation zu geben, und auch wir werden diese geistreichen und oft überraschend charakteristischen, oft aber auch missverständlichen oder unzureichenden Bezeichnungen im allgemeinen aus dem Spiele lassen.

Wir fassen vorläufig den Begriff der statuarischen Gruppe im weitesten Sinne als den einer Verbindung mehrerer Rundbilder zu einem Ganzen und suchen zunächst durch einen flüchtigen Überblick über die Werke der griechischen Kunst, insbesondere auch der gereiften Kunst, zu erkennen, zu welchen Hauptformen die Entwickelung hindrängte.

Diese Hauptformen werden einerseits durch die Zahl der zur Gruppenbildung verwendeten Figuren [6]), andererseits durch die Art der

---

4) Nachgel. Schriften II, S. 68 ff.; mit dem »feinsinnigen Archäologen« S. 70 ist Levezow gemeint.

5) Vgl. A Z 40 (1882), 158.

6) Levezow übersah dieses wichtige Moment, weil er die 2 figurigen Gruppen aus dem Spiele liefs. Dagegen ist Gemeinsamkeit der Basis die allerbescheidenste ästhetische Forderung, die man an eine statuarische Gruppe stellen muss und der auch nur in seltenen Ausnahmefällen nicht entsprochen wird.

Verbindung bestimmt. Neben den Gruppen von wenigen Figuren, welche die Hauptmasse bilden, finden sich gerade in der alten Kunst und fast nur in dieser Gruppen von grofser Figurenzahl. Hinsichtlich der Art der Verbindung aber ist zu unterscheiden, ob die verbundenen Figuren oder das verbindende Moment, das man durchweg als Handlung — im weitesten Sinne genommen — bezeichnen kann, bei der Darstellung die Hauptsache ist. Wir werden für den ersteren Fall die Bezeichnung »Gesellschaftsgruppe«[7], für den letzteren die Bezeichnung »Handlungsgruppe«[8] verwenden. Auf die Gruppe von beschränkter Figurenzahl angewendet, ergiebt diese Einteilung ohne weiteres die zwei zu allen Zeiten verbreitetsten, in der neueren Kunst fast ausschliefslich herrschenden Formen der Gruppe, die Gesellschafts- und die Handlungsgruppe von beschränkter Figurenzahl. Auf die figurenreiche Gruppe dagegen bezogen führt jener Unterschied der künstlerischen Absicht zu einer gröfseren Zahl von Formen, die sich nicht mit gleicher Schärfe voneinander abheben. Wir fassen diese Formen im Gegensatz zu den Gruppen von beschränkter Figurenzahl vorläufig unter dem Namen der figurenreichen oder Massengruppen zusammen.

Nach Feststellung dieser Zielpunkte gilt es zu untersuchen, aus welchen Urformen die statuarische Gruppe sich entwickelte und wie im Einzelnen die genannten Hauptformen zur Reife gelangten.

Unsere Hilfsmittel für diese Untersuchung sind teils Monumente, teils Schriftstellernotizen; doch überwiegen für die archaische Kunst die letzteren beträchtlich, und insbesondere sind wir auf die oft sehr ungenügenden Berichte des Pausanias angewiesen. Es versteht sich von selbst, dass diese Berichte mit äufserster Sorgfalt auf ihren Sinn geprüft werden müssen, wie andererseits ihr Wert nach den Ergebnissen der jetzt in eine neue Ära eingetretenen Quellenforschung zu bemessen ist. Im übrigen werden wir eine Stütze finden in dem für die älteste Flächendekoration allgemein anerkannten und somit für die statuarische als die jüngere Kunst im allgemeinen ebenfalls als giltig vorauszusetzenden Grundsatze der symmetrischen Responsion, für welchen nur auf die grundlegenden Bemerkungen Brunns im N. Rhein. Mus. V, p. 321 ff. 480 ff. verwiesen sei.

---

7) »Gesellschaftliche Gruppe« Levezow. Das zusammengesetzte Wort scheint mir praktischer und entspricht besser der Bezeichnung »Handlungsgruppe«.

8) Levezows Ausdruck »historisch-dramatische G.« ist vor Missdeutung nicht sicher.

Erstes Kapitel.

Ursprung und früheste Formen der statuarischen Gruppe.

§ 1.

Ursprung der statuarischen Gruppe.

Die Erfindung der statuarischen Gruppe setzt die der Statue, als der Grundform der statuarischen Kunst, voraus. Es wäre selbst denkbar, dass ein gröfserer Zeitraum zwischen der Entstehung der beiden Formen liege, denn so früh der Gedanke Gestalten miteinander verbunden hat, so schwierig war es doch, mit den noch beschränkten Mitteln der jugendlichen Kunst diese Verbindung im Bilde auszuführen[9]). Darum ist die Erfindung der statuarischen Gruppe zunächst ein technisches Problem, das erst mit der Zeit geistige Vertiefung erfährt.

Fragen wir nun, wie überhaupt eine Kunst dazu kommen könne, sich dieses Problem zu stellen, so können wir uns nach der oben gegebenen allgemeinsten Fassung der Aufgabe, die auch für die kindlichste Kunst gelten muss, zwei Möglichkeiten denken:

entweder empfindet eine Kunst, nachdem sie die Form der Statue

9) In Statuettenform kommen gewisse Figurenverbindungen oft früher vor als in der statuarischen Kunst; für die archaische Kunst sei an die uralten Wagenlenkerfigürchen von Olympia erinnert; (Ausgr. IV 21, 5. 6., S. 16; vgl. Furtwängler, Bronzefunde v. Olympia, Abh. der Berliner Akad. 1879, S 29 ff.). Als Vorläufer der statuarischen Gruppe können diese Werke natürlich nicht gelten. Überhaupt hat die Statuettengruppe für uns nur insoweit Interesse, als sie aus Stoff und Komposition Schlüsse auf die statuarische gestattet; im übrigen ist die Kleinkunst in Stoffwahl und Technik so viel freier, als die grosse, dass es eine ungebührliche Erweiterung unseres Thema's wäre, die Statuettengruppe mit gleicher Ausführlichkeit zu behandeln, wie die statuarische.

geschaffen hat, das Bedürfnis, mehrere solche Statuen miteinander zu verbinden,

oder eine Kunst, welche die Verbindung mehrerer Figuren zu einem Ganzen, d. h. die Gruppe überhaupt, bereits kennt, überträgt dieselbe auch auf das Gebiet der statuarischen Kunst.

Die Voraussetzungen dieser beiden Möglichkeiten waren der griechischen Kunst gegeben: dieselbe Zeit, welche die Form des Einzelbildes schuf, verfügte bereits über einen reichen Vorrat von Gruppen in der Flächendarstellung der älteren dekorativen Kunst.

In der Form der Statue hatte die Kunst den Menschen und unter seinem Bilde den Gott vor Augen gestellt; bald musste sie den weiteren Schritt thun, Götter, die man im Glauben verbunden dachte, Menschen, die durch Verwandtschaft, Freundschaft, Liebe vereinigt wurden, auch im Bilde nebeneinander zu stellen.

Der andere Weg führte meist auch zu andersgearteten Gebilden. Die grofse Zahl fast durchweg durch lebhafte Handlung zusammengeschlossener Figurenkomplexe, welche sich in Malerei und Relief schon ausgebildet hatten, musste teils im allgemeinen die junge statuarische Kunst zum Wetteifer reizen, teils musste sich das Verlangen bekunden, besonders liebgewordene Gruppen aus der Fläche geradezu in das wirkungsvollere Rundbild zu übertragen.

Aber nicht der griechischen Kunst allein standen diese beiden Wege offen. Erledigen wir also zunächst die Vorfrage, ob die griechische Kunst die statuarische Gruppe als fertiges Gebilde von aufsen empfangen habe.

In erster Linie kommt hierbei die babylonisch-assyrische Kunst in Betracht, der die griechische ohne Zweifel manche Anregung verdankte. Aber während die Gebilde der ältesten dekorativen Kunst, die ihrerseits auch für die statuarische Gruppe Bedeutung gewinnen sollten, vielfach auf diese innerasiatischen Quellen zurückweisen[10]), suchen wir die statuarische Gruppe in dieser Kunst vergebens[11]).

10) Layard, Niniveh and its remains II, S. 155, bes. 285. 293; Brunn, Kunst bei Homer, S. 7. 12 ff.

11) Nur für eine, in der griechischen Kunst erst später auftretende Form der Gruppe, die sogenannten Kinderpfleger, bietet die assyrisch-babylonische Kunst Analoga, wie Perrot-Chipiez, hist. de l'art de l'antiq. II, p. 606, fig. 297, und aus assyrisch-babylonischen Einflüssen erklärt sich wahrscheinlich das Vorkommen dieses Typus in der kyprischen Kunst (z. B. Perrot-Chipiez III, p. 202, fig. 144. Heuzey, figurines, pl. II 3. VI 6; vgl. BdJ 1871, p. 25).

Wir werden es darum von vornherein nicht zu hoch anschlagen, dass die ägyptische Kunst, welche kaum in so hohem Mafse, wie die asiatische auf die griechische eingewirkt hat, in der That die statuarische Gruppe oder, genauer gesprochen, eine bestimmte Art derselben kennt. Unsere ägyptischen Museen sind reich an Werken dieser Art[12]), welche im allgemeinen als Familiengruppen bezeichnet werden können. Bald sitzen oder stehen Mann und Weib nebeneinander[13]), bald steht[14]) neben einem sitzenden Mann ein Weib oder je eines auf jeder Seite[15]); öfters finden sich zwischen den Hauptfiguren, meist nur in Relief, noch kleine Kindergestalten[16]). So finden wir Gatten, Geschwister, so ganze Familien in Gruppen vereinigt, und in ähnlichem Sinne finden wir den König zwischen zwei Gottheiten sitzen[17]). In allen diesen Werken ist die primitivste Stufe der Gruppenbildung bereits überschritten, denn der Künstler begnügte sich nicht mit Aneinanderreihung gleichartiger, durch die gemeinsame Basis nur äufserlich verbundener Figuren, sondern er hat sich schon die Aufgabe einer inneren Verbindung gestellt. Freilich fand er zur Lösung derselben nur einige wenige Schemata: die Gestalten legen einander die Arme um Rücken oder Nacken, oder die eine legt die Hand der anderen auf die Schulter, oder die Kinder umfassen die Beine des Vaters. Diese immer wiederkehrenden Formen entsprangen also sicherlich nicht dem allgemeinen Bewusstsein, dass zu einer Gruppe im höheren Sinne mehr gehöre als Aufstellung mehrerer Figuren auf gemeinsamer Basis, sondern der ganz besonderen, hier gerade gegebenen Idee der traulichen Vereinigung. Es scheint, dass auch diese eine Aufgabe zuerst in der Reliefkunst[18]) gelöst, dann von der statuarischen übernommen wurde; aber es ist bemerkenswert, dass für die durchaus nicht wenigen Handlungsgruppen in jener die statuarische Kunst keine Analoga aufweist: die statuarische

---

12) Siehe im allgemeinen über diese Werke Perrot-Chipiez I, p. 658 f. 728 f., sowie über ihre Komposition den Zusatz in Pietschmann's deutscher Übersetzung S. 878.

13) Louvre (Clarac mus. de sc. III 290, 2550. Perrot-Chipiez I, fig. 441); München (Brunn, Beschr. d. Glyptothek 16. 24); Berlin (Verz. d. äg. Alt. 294).

14) Louvre (Perrot-Chipiez I, fig. 88).

15) Berlin (Verz. d. äg. Alt. 293).

16) Louvre (Clarac V 997 A. 2558 F; 997 A. 2558 G. Perrot-Chipiez I, fig. 441. 89. Lepsius, Denkmäler VIII 290, 14, neuerdings prachtvoll bei Rayet, Mon. de l'art ant. I 5); Turin (Perrot-Chipiez I, fig. 477).

17) Turin (Berliner Gipsabg. 298).

18) vgl. Lepsius, Denkmäler III ff. passim.

Gruppe der ägyptischen Kunst ist mit jener einen Schöpfung auch schon am Ende ihrer Leistungsfähigkeit angelangt.

Sollen wir nun glauben, dass dieser einen auf ein enges Gebiet beschränkten Form der Gruppe die griechische Kunst irgend welche fruchtbare Anregung entnommen habe? Wir müssen diese Frage unbedingt verneinen. Es ist undenkbar, dass die griechische Kunst an derartigen Werken gelernt haben sollte, Einzelfiguren zu Gesellschaftsgruppen zu vereinigen, ohne die so bestimmt ausgeprägten Schemata der Verbindung mit zu übernehmen. Diese Schemata aber können wir nirgends in archaischen Gruppen, um die es sich bei dieser Frage handelt, nachweisen. Allerdings finden wir einige wenige Werke, die ein ähnliches Schema, nämlich das der wechselseitigen Umschlingung, aufweisen, in erster Reihe den böotischen Grabstein des Dermys und Kitylos [19]), ein Hochrelief, das dem Rundbild nahe steht und auch in dieser technischen Eigentümlichkeit an ägyptische Werke erinnert. Auch scheint ein ähnlicher Typus — wann, ist unsicher — auf die Dioskurenbildung angewandt worden zu sein, wie sich aus dürftigen Nachklängen in späterer Zeit [20]) ergiebt. Ferner erinnert eine merkwürdige Gruppe aus Magúla, jetzt in Sparta [21]), trotz der Verschiedenheit des Gegenstandes auf den ersten Blick sehr stark an jene ägyptischen Gruppen, doch scheint Marx a. a. O. S. 199 Recht zu haben, wenn er den eigentümlichen Charakter dieses Werkes aus einheimischer Kunstübung erklärt und durch Heranziehung der spartanischen Stele für dieses Werk eine Zeit (geraume Zeit nach Mitte des 6. Jahrh.) gewinnt, die ägyptische Einflüsse mit Sicherheit ausschliefst.

Gesetzt aber auch, dass diese Beispiele nicht vereinzelt ständen und ferner, dass hier ägyptische Einflüsse thatsächlich nachweisbar wären, den Ruhm, die statuarische Gruppe als solche geschaffen zu haben, wird man der ägyptischen Kunst nicht lassen können, wenn man bedenkt, dass hier das einmal und überraschend schnell Gelungene zu kräftiger Weiterentwickelung anzuregen nicht im Stande war, während die griechische Kunst auf dem gleichen Gebiete von bescheidensten Anfängen zu bewusstem Erfassen des neuen Problems, zu reichster Mannigfaltigkeit in seiner Behandlung fortschritt. Wir können also getrost an den Beginn unserer Untersuchung den Satz stellen: die

19) Athen. Mitt. III, Tfl. 14. Friederichs-Wolters 44.

20) Siehe darüber Marx, AZ 1885, S. 269.

21) Dressel-Milchhöfer, Nr. 1 (Athen. Mitt. II, S. 297), abgeb. Ath. Mitt. X, Tfl. 6 und S. 183, wozu S. 177 ff. (Marx).

statuarische Gruppe als selbständige Kunstform ist eine griechische Erfindung.

§ 2.

Die primitive Gesellschaftsgruppe.

Auf dem ersten der oben (S. 5 f.) angedeuteten Wege gelangte die griechische Kunst zu der einen Vorstufe der Gruppenbildung, der einfachen Aneinanderreihung von Statuen. Wir bezeichnen die so entstandene Urform als primitive Gesellschaftsgruppe im Gegensatze zur reifen oder Gesellschaftsgruppe schlechthin und betrachten

a. die primitive Gesellschaftsgruppe von beschränkter Figurenzahl (Figurenverein).

Bilder von Gottheiten, die im Glauben verbunden gedacht wurden, finden wir schon frühzeitig zusammengestellt; schon unter den Bildern, deren Stiftung der fromme Glaube auf Heroen zurückführte und welche wir nach Pausanias, der in diesem Punkte Vertrauen verdient[22]), als uralte Holzbilder betrachten dürfen, begegnen uns derartige Werke[23]).

Bestimmtere Nachrichten knüpfen sich an die Namen berühmter Meister. In der chiischen Künstlerfamilie eröffnet Bupalos (ol. 60) die Reihe der Charitendarstellungen[24]), welche uns in der archaischen Kunst nicht selten begegnen werden. Mehr solche

22) Das beweist VIII 14, 7 (Overbeck SQ 247), wo er es als unmöglich erklärt, dass ein Erzbild von Odysseus geweiht worden wäre.

23) Bilder der Thetis (Themis nach Schubart Übers., S. 249) und der Praxidiken (oder Praxidika? Paus. III 22, 2) auf Kranaë; zwei angeblich von Phaidra gestiftete Xoana der Eileithyien in Athen (Paus. I 18, 5. SQ 241); Schnitzbilder der Damia und Auxesia von Olivenholz (Herod. V 82. Paus. II 30, 4.). Sehr primitive Holzbilder waren, nach der eigentümlichen Ausdrucksweise des Pausanias zu schliefsen, die Bilder der Eumeniden in Keryneia (Paus. VII 25, 7: ξύλων εἰργασμένοις). Kleine Erzbilder der Dioskuren in Pephnos (Paus. III 26, 3), sowie ähnliche der Athena und dreier mit Pilos versehener Gestalten bei Brasiai (Paus. III 24, 5) darf man vielleicht ihren Dimensionen nach in die frühesten Zeiten des Erzgusses setzen. Dass die Bilder des Daidalos und Ikaros auf den Ἠλεκτρίδες νῆσοι (Steph. Byz. s. v. Ἠλ. ν.) auf Daidalos (so Overbeck, SQ 104, 13. 14) oder überhaupt auf diese Urzeit zurückgeführt wurden, ist dem Wortlaut nicht zu entnehmen.

24) Chariten des B. in Smyrna: Paus. IX 35, 6. Das von Schubart-Walz auf Grund einiger Handschriften aufgenommene χρυσῶν für χρυσοῦ hat Schubart in seiner kleineren Ausgabe wieder fallen lassen. Χρυσοῦ würde zu χάριτες zu ziehen sein; aber goldene Bilder aus der Schule der chiischen Marmorbildhauer dünken mich sehr fragwürdig; warum nicht τῶν ἀγαλμάτων τῶν χρυσῶν? Andere in Pergamon: Paus. IX 35, 6.

Figurenvereine finden wir in der »Schule« des Dipoinos und Skyllis[25]). Von den Meistern selbst war die im Dioskurentempel zu Argos aufgestellte umfangreiche Gruppe der Dioskuren mit ihren Frauen und Söhnen[26]). Wenn man es wagen darf, eine im Anakeion zu Athen befindliche Gruppe[27]), deren Zeit und Material unbekannt ist, als Analogon für die argivische heranzuziehen, so liegt die Vermutung nahe, dass auf den ausdrücklich bezeugten Rossen auch hier die Söhne safsen[28]) und die Eltern zu beiden Seiten eines jeden standen. Da die Mitte aller Wahrscheinlichkeit nach den Dioskuren, als den Hauptgottheiten des Tempels zukam, so war die mutmafsliche Anordnung der Gruppe:

Mnasinus Anaxis
Phoibe ⋀ Polydeukes. Kastor ⋀ Hilaeira

oder umgekehrt[29]). Trifft diese Anordnung, für welche wir ästhetische Gründe absichtlich nicht anführen, das Richtige, so muss man anerkennen, dass die Künstler es verstanden haben, der Form der primitiven Gesellschaftsgruppe, ohne sie ihres Charakters zu berauben, durch sinnreiche Anordnung etwas von der Langeweile zu nehmen, die jede Reihe von starr nebeneinander gestellten Bildern beherrschen muss.

In die Schule des Dipoinos und Skyllis pflegte man lange Zeit auch eine Gruppe zu setzen, welche Pausanias V 17, 1 mit den Worten beschreibt: *Τῆς Ἥρας δέ ἐστιν ἐν τῷ ναῷ Διός, τὸ δὲ Ἥρας ἄγαλμα καθήμενόν ἐστιν ἐπὶ θρόνῳ, παρέστηκε δὲ γένειά τε ἔχων καὶ ἐπικείμενος κυνῆν ἐπὶ τῇ κεφαλῇ. ἔργα δέ ἐστιν ἁπλᾶ.* Diese vielbesprochene Stelle hat von jeher als lückenhaft gegolten, und wenn man auch, von dieser Überzeugung ausgehend, ihr zuviel Gewalt an-

---

25) Die Unzuverlässigkeit der Überlieferung über diese »Schule« hat neuerdings Robert in seinen »Archäologischen Märchen« (Philologische Untersuchungen, hg. von Kiefsling und Wilamowitz, Hft. X.) S. 1 ff. ausführlich dargethan. Im Text ist die übliche chronologische Anordnung beibehalten.

26) Paus. II 22, 5. SQ 324.

27) Paus. I 18, 1; irrtümlich als Gemälde angeführt Preller, Gr. Mythol.[3], II, S. 98.

28) Anaxis und Mnasinus zu Ross auch am amykläischen Throne, Paus. III 18, 13. SQ 360, 32 f.

29) Diese Anordnung passt vortrefflich zu der Reihenfolge der Aufzählung bei Pausanias, der in diesem Punkte pedantisch streng ist (vgl. hierüber Heydemann, Hermes IV, S. 387 ff.), nur dass er je nach der Art des zu beschreibenden Werkes ein verschiedenes Prinzip verfolgt (vgl. S. 19 und Anm. 97).

gethan hat, so scheint es mir doch unmöglich, sie mit Robert[30]) für fehlerfrei zu halten, solange sie nicht durch schlagende Analoga gestützt ist. Ich bin geneigt, *Τῆς Ἥρας*, da von dem Tempel schon ein ganzes Kapitel die Rede war, *τῷ ναῷ* also keiner Erläuterung bedarf, auf das Kultbild zu beziehen und mit geringfügiger Korrektur zu schreiben: *Τῆς Ἥρας δέ ἐστιν ἐν τῷ ναῷ καὶ Διὸς* (oder *Διός τε*) *ἄγαλμα· τὸ δὲ Ἥρας καθήμενον κτλ.*[31]). Es bleibt dann noch das von Overbeck[32]) ausgesprochene Bedenken, ob es sich für Zeus zieme, neben der thronenden Hera zu stehen; doch

30) a. a. O. 112 f. Die Analoga, mit welchen er S. 113 die auffällige Konstruktion zu stützen sucht, beweisen nichts; gerade dort ist der Satzbau so konzinn, wie man nur wünschen kann, da das *ἀπὸ κοινοῦ* stehende Wort in beiden Teilen des Doppelsatzes den bestimmten Artikel hat, aufserdem aber die mit Nachdruck an die Spitze gestellten Dativobjekte die Übersicht erleichtern.

31) Über die bisherigen Deutungsversuche bemerke ich kurz folgendes: Das *ἁπλᾶ* am Schlusse, welches Brunn (K G I, S. 47) in *Δόντα* verwandeln wollte, ist jetzt wohl allgemein als richtig anerkannt, besonders da Schubart (Philol. XXV, S. 574; vgl. Overbeck, K M II, S. 10, Anm. 24 und entschiedener III, S. 11; Förster, Raub der Persephone, S. 18; Furtwängler, A Z 1879, 40) eine treffende Parallelstelle aus Plutarch heranziehen konnte; dazu kommt jetzt Roberts (a. a. O. S. 112) sehr wahrscheinliche Vermutung, dass der Verderb vielmehr in dem *Δόντας* VI 19, 14 stecke. Lücke oder Verderb nach *παρέστηκε* ist mehrfach angenommen worden (S W und Sch min.); Panofka vermutete, dass der Name des Hermes (Ad J. 1830, p. 108, abgelehnt von Overbeck, K M II, S. 557, Anm. 23), Overbeck, dass der des Ares (a. a. O. S. 10) ausgefallen sei; Purgold (Hist. und philol. Aufs. E. Curtius gewidmet, S. 229) meinte, Pausanias habe die dritte dargestellte Person (nach ihm Pelops) nicht erkannt Für drei Figuren sprächen allerdings die Mafse eines in der Cella des Heraions entdeckten Mergelkalkbathrons (Ausgr. III 33. Funde 34; vgl. Furtwängler a. a. O., der wegen des gleichen Materials den kolossalen Herakopf [Ausgr. IV 16. 17] als Rest des auf jenen Bathron aufgestellten Kultbildes betrachtet), wenn nicht Purgold, zum Schaden seiner an sich sehr ansprechenden Deutung der 3. Figur, ausdrücklich zugeben müsste, dass „die Rück- und Seitenflächen (? vgl. die Pläne) jetzt unvollständig sind", so dass wir über die ursprünglichen Proportionen dieses Bathrons nichts wissen. Dass 2 stehende und 1 sitzende Figur eine bessere Gruppe geben, als 1 stehende und 1 sitzende, kann so altertümlichen Werken gegenüber nicht entscheiden. Dagegen spricht es für 2 Figuren und damit für die zuerst von Franz (Berliner Jbb. f. wissensch. Kritik 1841, S. 223) verteidigte Richtigkeit der zweiten Hälfte des Satzes, dass diese einen vortrefflichen Sinn gibt, wenn man sie auf das vorhergehende *Διὸς* bezieht. Die Analoga freilich, die Robert a. a. O. für den behelmten Zeus anführt, sind nicht glücklich, da das einzige sichere einer Kampfdarstellung entnommen ist; mehr beweist sicherlich das von Welcker (Gr. Götterlehre II, S. 211) angeführte Münzbild D a K II 2, 21.

32) K M II, S. 10.

scheint mir dasselbe in diesem Falle nicht gewichtig genug zu sein, da Hera hier die Hauptgottheit des Tempels ist.

Ich halte also eine Gruppe der sitzenden Hera und des stehenden Zeus für das Wahrscheinlichste, und selbst eine leidliche ästhetische Wirkung derselben scheint mir nicht ausgeschlossen, vorausgesetzt, dass die stehende Figur von kleineren Verhältnissen war als die sitzende, wie das auch die freie Kunst zuliefs [33]).

In demselben Raume stand ein anderes kostbares Werk alter Kunst, in dessen Urheberschaft Dorykleides, der Genosse des Medon, und der Äginete Smilis sich teilen [34]). Die sitzenden Horen des letzteren schlossen sich unmittelbar an die eben besprochene Gruppe an, füllten also wahrscheinlich mit der Themis des Dorykleides, die neben ihnen stand, das erste der 7 Interkolumnien der Nordseite [35]), wie im gegenüberliegenden Interkolumnium die 5 Hesperiden des Theokles mit der Athena des Medon vereinigt waren. Wie in diesem letzteren Falle ausdrücklich bezeugt ist, dass diese Aufstellung nicht die ursprüngliche war, so ist es auch für die gegenüberstehende Gruppe nicht wahrscheinlich, dass die gewiss sehr passende und sinnvolle Zusammenstellung von Anfang an beabsichtigt war; scheint doch das

33) Man denke an die im Relief herrschende Isokephalie. Als statuarisches Beispiel genüge die vatikanische Asklepios-Hygieiagruppe Clar. IV 1151 B, 546.

34) Paus. V 17, 1.

35) Den sicheren Ausgangspunkt für eine Verteilung der von Paus. V 17 genannten Bildwerke auf den Raum der Cella liefert das in situ gefundene Bathron des praxitelischen Hermes. Die wahrscheinliche Aufstellung war danach folgende:

Kultbilder	
•	•
{ Hesper. / Athena. }	{ Horen. / Themis. }
•	•
sitz. Demeter.	sitz. Kora.
•	•
Artemis.	Apollon.
•	•
Dionysos.	Leto.
•	•
Nike.	Tyche.
•	•
Aphrod. und Knäbchen.	Hermes.
•	•
Olympias	Eurydike.
•	•

Die Bilder der Eurydike und Olympias sind in der Kaiserzeit entfernt worden, wie die im letzten Interkolumnium gefundene Statue einer Römerin (Ausgrabungen II 30) beweist.

Heraion in späterer Zeit mehr ein Kunstmuseum als ein Tempel gewesen zu sein[36]. Sicher ist hier also nur die Gruppe der 3 sitzenden Horen.

Eine Gruppe der Horen von Endoios stand mit 3 Chariten vor dem Tempel der Athena in Erythrai[37].

Chariten werden ferner erwähnt von Bathykles[38]; ohne Künstlernamen genannt, aber als alt bezeichnet die im Heraion zu Argos[39] und die Kultbilder im Heiligtum der Chariten zu Elis, mit denen Eros auf gemeinsamem Bathron stand[40]. Dass die letztere Gruppe hierher gehört, folgt, wie Furtwängler betont[41], mit Bestimmtheit daraus, dass sie Attribute (Rose, Astragal, Myrtenreis) hielten, also noch nicht, wie später, sich bei den Händen hielten.

Daran reihen sich noch die attributiv verwendeten Chariten auf der Hand des delischen Apollon des Tektaios und Angelion[42], nach den Münzbildern, welche auf die athenische Kopie dieses Bildes zurückgehen, drei starr und unverbunden nebeneinander gestellte Figuren[43], und die Sirenen[44] auf der Hand der Hera in Koroneia, die von dem Thebaner Pythodoros verfertigt war.

Als ähnlicher Dreiverein würden hier die Musen des Hagelaïdas, Kanachos und Aristokles einzufügen sein, wenn es ganz sicher wäre, dass sie eine Gruppe bildeten[45].

36) Vgl. Weil, Athen. Mitt. II, S. 170. Bötticher, Olympia ², S. 203. 206.

37) Paus. VII 5, 9. SQ 351. Dass alle 6 Figuren, wie Urlichs (Anfänge d. griech. Künstlergeschichte I [1. Progr. des v. Wagner'schen Kunstinstituts], S. 31) meint, eine Gruppe bildeten, ist durchaus nicht nötig; Gegenstücke von je 3 Figuren anzunehmen, liegt jedenfalls näher.

38) Paus. III 18, 9. SQ 360.

39) Paus. II 17, 3.

40) Paus. VI 24, 5.

41) Roschers mythol. Lexikon, Sp. 880.

42) Paus. IX 35, 3. Plut. de mus. 14. SQ 335. 336.

43) Beulé, Monn. d'Ath., p. 364. AZ 1882, 332. Bei Beulé 2, besonders aber 3, scheint es, als wenn die Figürchen einander halb zugewendet wären. Bessere Reproduktionen, deren mir Overbeck eine ganze Reihe gütig zur Verfügung stellte, zeigen davon nichts.

44) Paus. IX 34, 3. SQ 485.

45) Das Epigramm (Anth. Pal. II 15, 35. SQ 395), aus welchem wir diese Werke kennen, gestattet nicht einmal den Schluss, dass sie überhaupt je zusammengestellt (vgl. Benndorf, de anth. gr. epigr., p. 50), geschweige dass sie von Haus aus als Gruppe gearbeitet gewesen seien. Die Zusammenstellung kann sehr wohl nur im Gedicht vollzogen worden sein (auch Roberts Ausführungen, archäol. Mär-

Auch Bilder der Dioskuren, denen wir schon frühe begegneten, finden wir unter den Werken bestimmter Meister wieder. Als ξόανα werden die des Hermon von Troizen bezeichnet[46]), und dazu stimmt ein neuerdings bekannt gewordenes Münzbild[47]), das in der eckigen Formgebung, die deutlich auf Holztecknik zurückweist, zwei unverbunden nebeneinander stehende Jünglingsgestalten darstellt. Über die beträchtlich späteren Erzbilder der Dioskuren von Hegias[48]) wissen wir nichts Näheres[49]).

Am Ende der archaischen Periode begegnen wir einer dreifigurigen Gruppe des Myron, welche die kolossalen Statuen des Zeus, der Athena und des Herakles auf einer Basis vereinigte[50]). Man könnte eine bestimmte Handlung dargestellt glauben[51]); doch verträgt sich dies schwerlich mit dem eigentümlichen Ausdruck: *τρία Μύρωνος ἔργα κολοσσικὰ ἱδρυμένα ἐπι μιᾶς βάσεως*. Für drei handlungslos

---

chen S. 96, schliefsen diese Möglichkeit nicht aus), das deshalb noch nicht seinen Wert als kunstgeschichtliches Dokument verliert.

46) Paus. II 31, 6. SQ 486. Daraus schloss schon Brunn (K G I, S. 113) auf »eine alte Kunstepoche«. Das ἐφ' ἡμῶν bei Pausanias darf uns nicht irre machen; er will nur andeuten, dass die Bilder nicht aus der Zeit der Erbauung des Tempels stammten, sie konnten also trotzdem hochaltertümlich sein.

47) Münze des Commodus in Imhoofs Besitz, abg. J H S 1885, pl. M. VII, p. 48. Die Jünglinge sind nackt, sehr schlank und fast völlig einander gleich. Sie sind ohne Kopfbedeckung; jederseits fällt eine lange Locke auf die Schulter herab. Je der rechte Arm ist ziemlich genau rechtwinkelig, der linke stumpfwinkelig gebogen. Der rechte Arm der rechts stehenden Figur scheint einen Gegenstand (Schwert? Scheide?) zu halten, der von dem linken Arm der linken Figur überschnitten wird. Der zwischen beiden am Boden stehende Gegenstand, den Imhoof und Gardner a. a. O. p. 48 als Altar erklären, ist vielleicht eher eine Amphora (vgl. über dieses Attribut Dressel-Milchhöfer, Athen. Mitt. II, S. 389 f., Nr. 209. 210; Furtwängler, Roschers mythol. Lexikon, Sp. 1170 f.). Es fehlt nicht nur jede Verbindung der Figuren, sondern auch jeder Versuch, durch Verschiedenheit der Haltung das Ganze zu beleben; wir sehen nichts, als die eintönige Wiederholung eines einzigen, sehr primitiven Typus. Dieser Typus erinnerte die Herausgeber der Münze an Kanachos' milesischen Apollon, doch nennen sie diese Gebilde mit Recht primitiver. Man wird sie, selbst nach dem dürftigen Zeugnis der Münze, etwa in die Mitte des 6. Jahrh. setzen dürfen.

48) Plin. N. H. 34, 78. S Q 456.

49) Beulé, Monn. d'Ath. p. 342, erinnert an dieses Werk bei Besprechung einer daselbst p. 339 abgebildeten Münze, ohne indes dieser durch nichts empfohlenen Vermutung irgend welche Beweiskraft beizumessen.

50) Strab. XIV, p. 637 b. S. Q. 536.

51) An die Einführung des Herakles in den Olymp dachte Overbeck K M II, S. 15. 16. Plastik [3] I, S. 207.

nebeneinander gestellte Figuren spricht auch, dass Augustus, der nicht den verdorbenen Geschmack eines Nero hatte, sich nicht scheute, die Gruppe zu zerreifsen und die Athena und den Herakles allein auf derselben Basis wieder aufzustellen [52]. Als Gruppe gedacht waren vermutlich auch die ungefähr aus gleicher Zeit stammenden, von Smikythos geweihten und von dem Argiver Glaukos gefertigten Bilder der Amphitrite, des Poseidon und der Hestia, welche im östlichen Peribolos des olympischen Zeustempels standen [53].

Das Charakteristische der beiden zuletzt erwähnten Werke ist, dass die in ihnen vereinigten Figuren nicht mehr so selbstverständlich zusammengehören, wie Dioskuren, Horen, Chariten u. a. Das Gleiche gilt von einer als archaisch bezeugten Gruppe der Artemis, des Zeus und der Athena in Argos [54]. Ein kleiner Fortschritt von naivem zu bewusstem künstlerischen Gestalten ist somit selbst in der Reihe dieser bescheidenen Erstlingswerke zu erkennen.

Wir schliefsen mit 2 allerdings nicht gerade gut bezeugten Porträtgruppen. Die erste, in Delphi aufgestellte bestand aus den Bildern entweder des Kleobis und Biton [55] oder des Trophonios und Agamedes [56]. Die andere, welche den berühmten Taucher Skyllis und seine Tochter Hydna [57] darstellte, war von den Amphiktyonen nach Delphi geweiht, schwerlich erst, nachdem sich die Legende des Tauchers bemächtigt hatte [58], sondern bald nach den Perserkriegen [59], so dass vielmehr die Bilder der Legende die besten Anknüpfungspunkte boten. Demnach würden auch die Anfänge der Porträtgruppe, welche in

---

52) Eine nach Paus X 13, 4, von den Phokern nach Delphi geweihte Gruppe (?) des Apollon, der Athena und der Artemis fällt wegen des *δευτέρᾳ συμβολῇ* X 13, 6 noch vor den grofsen Sieg der Phoker, für welchen sie zwei reiche Weihgeschenke nach Delphi sandten; s. u. S. 17 f. 27 f. Anm. 63.

53) Paus. V 26, 2. S Q 401.

54) Paus. II 22, 2. Sie gehört freilich streng genommen nicht hierher, da die Figuren Träger eines Erzgefäfses (*χαλκεῖον* statt *χαλκίον* wie oft; s. darüber Dindorf bei Henr. Stephanus s. v. *χαλκίον*) waren.

55) Herod. I 31.

56) Vgl. Stein zu der Stelle und, ihm folgend, Dütschke, a.-e. M. a. Ö. VII (1883), S. 153, Anm. 4.

57) Paus. X 19, 2; vgl. die Erzählung bei Herodot VIII 8, dessen Schweigen über die Bilder natürlich nicht gegen ihre Existenz beweist.

58) So Hauvette, Rév. philol. 1886, p. 142. Über den verschieden überlieferten Namen der Tochter siehe das. p. 141.

59) So auch Ziemann, de anathematis Graecis, p. 14.

späterer Zeit häufig und meist in der Form der primitiven Gesellschaftsgruppe auftritt, in die archaische Zeit zurückreichen.

b. Die primitive Massengruppe (Figurenreihe).

In den bisher betrachteten ältesten Gesellschaftsgruppen war die Zwei- und Dreizahl die herrschende. Selbst die argivische Dioskurengruppe des Dipoinos und Skyllis durchbricht diese natürliche Schranke nur scheinbar, da sie sich ungezwungen in zwei 3figurige Gruppen zerlegt. Den Keim der aus zahlreichen Figuren homogen zusammengesetzten Gesellschaftsgruppe können wir also in diesem Werke nicht erkennen.

Eher könnten die angeblich aus Trapezus nach Megalopolis gebrachten alten Holzbilder der Musen oder des Apollon und der Musen [60]) als Vorläufer dieser Figurenreihen gelten, wenn wir die Zahl dieser Musen kännten und überzeugt sein dürften, dass sie, mit oder ohne Apollon, wirklich eine Gruppe bildeten. Auch der Chor der Magneter, den Bathykles am Throne des amykläischen Apollon anbrachte [61]), kann nur zweifelnd herangezogen werden, da nicht mit Sicherheit zu entscheiden ist, ob es sich hier um Rundbilder oder Relief [62]) handelt. Die ersten gesicherten Figurenreihen begegnen uns in der reifarchaischen Kunst als Weihgeschenke für glänzende Siege oder als prunkvolle Zeugnisse des Reichtums ehrgeiziger Privatleute.

Man ist gewöhnt, derartige Werke als eine Eigentümlichkeit der peloponnesischen, insbesondere der argivischen Kunst zu betrachten, und in der That weisen die meisten und umfangreichsten dieser Figurenreihen uns dorthin. Es lag daher nahe, das vereinzelt stehende Werk, mit dem der junge Pheidias in dieser Reihe vertreten ist, auf argivische Vorbilder zurückzuführen. Nun ist aber kein argivisches Werk dieser Art mit Sicherheit als älter zu erweisen, denn das Jugendwerk des attischen Meisters; denn in welche Zeit man das von dem Argiver Aristomedon gearbeitete Weihgeschenk der Phoker setzen will, hängt einzig von der Auffassung der Worte Herodots ab, dass die Thessaler »nicht viele Jahre vor diesem Heereszug des Königs (Xerxes)« über

60) Paus. VIII 31, 5.

61) Paus. III 18, 14. SQ 360.

62) Vgl. Overbeck, Plastik 3 I, S. 75. Relief vermutet wohl mit Recht Schaarschmidt, de ἐπὶ praepositionis apud Paus. perieg. vi et usu, diss. Lips. 1873, p. 35, besonders wegen III 18, 11, wo Paus. unter den Reliefen des Thrones mit ganz ähnlichem Ausdruck einen Phaiakenchor anführt.

die Phoker herfielen[63]). Da eine objektive Entscheidung über die Länge dieser Zeit nicht möglich ist, folge ich der üblichen chronologischen Ordnung und begnüge mich mit diesem Hinweise darauf, dass die Priorität der argivischen Kunst auf diesem später mit Vorliebe von ihr kultivierten Gebiete durchaus nicht so gesichert ist, wie man gewöhnlich meint.

Das genannte Weihgeschenk, welches die Phoker nach Besiegung der Thessaler nach Delphi sandten, ist uns nur aus Pausanias[64]) ungenau genug bekannt, und an die wenigen Worte knüpft sich überdies noch eine textkritische Kontroverse[65]). Ich nehme an, dass zu der

---

63) Das Werk selbst erwähnt nur Pausanias X 1, 10 und 13, 6; die Zeit der Fehde X 1, 3, bestimmt er wohl nach Herodot VIII 27. Duncker, Gesch. d. Altertums[5] VI, S. 255, will die beiden Niederlagen durch einen gröſseren Zeitraum trennen und setzt selbst die spätere noch ins sechste Jahrhundert. Aber er baut mit Unrecht darauf, dass Herodot die Namen der berühmten Führer nicht nennt: der ganze Bericht bei Herodot ist eine knapp gehaltene Episode. Auch die stolzen Worte des thessalischen Heroldes beweisen nicht, dass die Thessaler die ganze Zeit vorher die Überlegenen waren, dass also eine Niederlage derselben sehr weit hätte zurückliegen müssen; um so stärker beweist die sprichwörtlich gewordene »phokische Verzweiflung«, wie mächtig das Übergewicht der Thessaler bis zu jenen entscheidenden Niederlagen war, die den Phokern nun Mut genug verliehen, die übermütigen Forderungen der durch die Perser gestützten Thessaler stolz zurückzuweisen. Aber wie die Trennung der beiden Niederlagen, scheint mir auch eine so frühe Datierung derselben durchaus nicht gerechtfertigt. Allerdings war die von den Phokern im Thermopylenpasse erbaute Mauer, als Leonidas dort einrückte, verfallen; aber sie stammte ja nicht aus der Zeit der letzten Fehde, sie war uralt (*τὸ ἀρχαῖον ἐκ παλαιοῦ τε ἐδέδμητο* Herod. VII 176) und war als Schutz gegen die aus der (später so genannten) Thesprotis in das Land nördlich vom Passe einwandernden Thessaler errichtet. Später aber ist dieses Bollwerk zerstört worden, als die Phoker eine Zeit lang thatsächlich unter thessalischer Oberhoheit standen (Plut. Mor. 244), und damals werden sie auch vom Passe abgedrängt worden sein, an den ihr Gebiet zur Zeit der Perserkriege nicht mehr grenzte (Her. VII 216). Folgerecht ist auch in der berühmten Fehde, die den Abfall der Phoker von der thessalischen Symmachie zum Anlass hatte, von einem Kampf um die Thermopylen gar keine Rede; die Thessaler und ihre Bundesgenossen werden sehr schnell in das ungenügend verteidigte Land eingefallen sein, denn die Entscheidungsschlacht fand auf dem Parnass statt. Die verfallene Mauer ist also zur näheren Bestimmung der Zeit dieser Fehde unbrauchbar; das einzige Zeugnis bleibt das dehnbare *οὐ πολλοῖσι ἔτεσι*. Ziemann's Ansatz (de anathem. Gr., p. 12) beruht auf einer Verwechselung des ersten und zweiten Perserzuges.

64) Dass X 13, 6 sich auf dieselben Werke bezieht wie X 1, 10, lässt sich aus dem beide Male gebrauchten *εἰκόνες* schlieſsen.

65) Man liest jetzt meist: *ἀναθήματα οἱ Φωκεῖς ἀπέστειλαν ἐς Δελφοὺς Ἀπόλλωνι Τελλίαν τε τὸν μάντιν καὶ ὅσοι κτλ.* Dass hier vor *Ἀπόλλων* ein *τῷ*

Figurenreihe ein Apollonstandbild gehörte; der Feldherrenstatuen waren mindestens zwei[66]); dazu kommen Landesheroen in unbestimmter Zahl: wir werden nicht fehlgehen, wenn wir eine Gruppe von stattlicher Figurenzahl annehmen. Näheres wissen wir über dieses Werk leider nicht.

Genaueres berichtet Pausanias[67]) über das Jugendwerk des Pheidias; aber ein sicheres Ergebniss ist auch hier kaum zu erlangen. Erwähnt wird zuerst das Bathron mit der Weihinschrift, dann erst die Figuren; wir haben also die häufig nicht unmittelbar gegebene Gewissheit, dass die Figuren auf einem gemeinsamen Bathron standen. Diese Figuren waren Athena, Apollon, Miltiades, 7 Phylenheroen, Kodros, Theseus, Phileas[68]); aufserdem aber standen dabei noch Antigonos, Demetrios, Ptolemaios und zwar auf demselben Bathron, da Pausanias betont, dass in Wahrheit nur die zuerst Genannten den Zehnten der marathonischen Beute darstellten. Die Gesamtzahl der Figuren war also zu allen Zeiten dieselbe; sie würde nach Pausanias 16 betragen haben, und da auch eine durch einen Kunstraub verschuldete Lücke in der Gruppe von Pausanias sicher erwähnt sein würde, so bleibt uns die Aufgabe, für 2 Götter, 1 Menschen, 7 (statt 10) Phylen- und 3 andere Heroen sowie 3 heroisierte Sterbliche eine verständige Gruppierung zu finden, aus dieser aber einen Schluss auf die von Pheidias selbst gewählte Anordnung zu ziehen. Dass Miltiades zwischen den beiden Göttern die Mitte einnahm, unterliegt kaum einem

---

eingesetzt werden müsste, hat Kayser (Philol. XI, S. 431. Zschr. f. d. Altw. VI (1848), S. 510 f. VIII, S. 397) betont; der Versuch aber von Schmitt (Philol. XI, S. 477), dieses τῷ in dem hs. τότε (τῷ τε) zu erkennen und demnach eine Verschiebung dieses Wortes, sowie eine dadurch veranlasste Einschaltung von καὶ hinter dem nun zu Ἀπόλλωνα verderbten Namen des Gottes anzunehmen, scheint mir nicht glücklich. Dagegen neige ich mit Kayser (Zschr. f. d. Altw. VI, S. 510 f.) zu der Ansicht, dass in der That das Ἀπόλλωνα der Handschriften festzuhalten sei; nicht weil Apollon in derartigen delphischen Weihgeschenken unbedingt mit dargestellt sein müsste, sondern weil ich die überlieferte Lesart nicht auf so künstliche Weise ändern möchte. Ich glaube vielmehr, dass mit einer einzigen, durch die Ähnlichkeit der Worte gerechtfertigten Umstellung zu lesen ist: ἀναθ. οἱ Φ. ἀπεστ. ἐς Δ. Ἀπόλλωνα καὶ Τελλίαν τὸν τότε (st. τότε τὸν) μάντιν καὶ ὅσοι κτλ.

66) Paus. X 1, 8: Rhoios und Daïphantes. Aus ὅσοι auf eine gröfsere Zahl zu schliefsen, geht nicht an; es ist eine bei Pausanias häufige, ganz gedankenlos gebrauchte Herodotreminiszenz.

67) Paus. X 10, 1.

68) So oder Philaios statt des überlieferten Phyleus Curtius, Gött. Nachr. 1861, S. 369.

Zweifel[69]); dies zugegeben, stellt sich sofort die Unmöglichkeit einer symmetrischen Anordnung der gegebenen 16 Figuren heraus. Aber schon längst ist das Fehlen dreier Phylenheroen aufgefallen[70]); fügen wir diese hinzu, rechnen wir also 19 Figuren, so ergiebt sich die Anordnung:

Ant. Dem. Ptol. 5 Phylenh. Ath. Milt. Ap. 5 Phylenh. Kodr. Thes. Phil.

d. h. Pausanias beginnt in der Mitte mit den Göttern und dem Feldherrn zwischen ihnen, nennt dann die 5 Eponymen der einen Seite, springt mit ἔτι δὲ über die Mittelgruppe auf die andre Seite über, schliefst mit der Eckgruppe derselben Seite die Reihe der phidiasischen Figuren und reiht endlich die 3 später aufgestellten lose an; gewiss eine passende Reihenfolge.

In der ursprünglichen Gruppe hatte also wohl der Dreiverein Kodros-Theseus-Phileas ein Gegenstück am anderen Ende der Reihe, und diese 3 Unbekannten wurden durch die Diadochen verdrängt[71]); die zeitgemäfse Umformung des Werkes vollzog sich also sehr bequem, schmeichelhaft für die neuen Heroen und ohne Schädigung der offiziellen Bedeutung der 10 Stammesheroen.

Das erste uns bekannte private Weihgeschenk dieser Art ist das des Syrakusaners bez. Kamarinaiers Praxiteles, dessen Bathron die Ausgrabungen von Olympia ans Licht gebracht haben[72]). Die Mafse gestatten den Schluss, dass eine Statuenreihe auf diesem Bathron stand, und da zwei Künstlerpaare, Athanadoros und Asopodoros, Atotos und Argeiadas, sich in die Arbeit teilten, die sich so wenig um einander kümmerten, dass die Künstlerinschriften nach Fassung und Verteilung alle Einheitlichkeit vermissen lassen, so ist es sehr wahrscheinlich, dass dieses Werk aus unverbundenen Einzelfiguren bestand. Nach der Tiefe des erhaltenen Bathrons zu urteilen, waren die Statuen ungefähr lebensgrofs, womit etwa die Fünfzahl stimmen würde, doch wäre auch

---

69) Vgl. Overbeck, Plast.[3] I, S. 250. Curtius a. a. O. S. 369, während er S. 370 symmetrische Entsprechung zwischen den beiden Dreivereinen Ath.-Ap.-Milt. und Thes.-Kodr.-Phil. annimmt.

70) Curtius a. a. O. S. 369 ff.

71) Dass Antigonos, Demetrios, Ptolemaios nicht als Vertreter der neuen Phylen dargestellt waren, folgt auch daraus, dass die drei diese Namen tragenden Phylen gar nicht gleichzeitig existierten; vgl. Beloch, Jbb. f. Philol. Bd. 129 (1884), S. 481 ff. 487.

72) S. Löwy, Inschr. griech. Bildh. 30, wo ältere Litteratur.

die Vierzahl denkbar und mit der Zahl der beteiligten Künstler in bestem Einklang [73]).

Von sehr bedeutendem Umfang war das von dem Eleer Kalon gearbeitete olympische Weihgeschenk der Messenier, welches die in der Meerenge untergegangenen 35 Knaben mit ihrem Lehrer und Flötenspieler darstellte [74]). Über Ort und Art der Aufstellung dieser 37 Figuren giebt Pausanias leider gar nichts an; doch liegt es nahe, sie wie die betenden Knaben der Akragantiner [75]) auf der Altismauer aufgestellt zu denken [76]). Mit Sicherheit kann man wenigstens das eine annehmen, dass sie auf langgestreckter Basis standen: ein einheitlicher Gesichtspunkt wäre für eine Figurenreihe von solcher Ausdehnung auch durch Krümmung der Basis kaum zu erreichen gewesen. Die 2 Erwachsenen eigneten sich zur Gliederung und Belebung der eintönigen Reihe, welche ich mir nach dem Schema:

12 — Lehrer — 11 — Flötensp. — 12 oder:
11 — Lehrer — 13 — Flötensp. — 11

geordnet denke.

Der Ähnlichkeit halber seien gleich hier die wohl etwas später von den Akragantinern geweihten betenden Knaben des Kalamis erwähnt [77]). Sie standen auf der Altismauer und zwar, nach einer ansprechenden Vermutung L. Gurlitts [78]), im Süden des

---

73) In die 70er Oll. wird man auch die signa septem nuda et senis unum des Pythagoras (Plin. 34, 60; des Samiers, dessen Identität mit dem Rheginer schon Urlichs, Chrest. Plin. p. 321 vermutet hatte, vgl. Löwy a. a. O. 23) setzen dürfen. Ob sie aber in diesen Zusammenhang gehören, ist höchst fraglich; die Zusammenstellung kann recht gut erst auf römischem Boden erfolgt sein, wo sie ad aedem Fortunae hujusce diei standen. Vermutungen über dieses Werk bei Urlichs a. a. O. und in seinen Archäol. Analekten (18. Prog. d. v. Wagner'schen Kunstinstituts, 1885) S. 8.

74) Paus. V 25, 2. SQ 475.

75) Paus. V 25, 5. SQ 523.

76) Passend scheint die Südhälfte der Westmauer, wie auch Bohn in seiner Rekonstruktion der Altis (Bötticher, Olympia² Tfl. XXI. XXII und v. d. Launitz' Wandtafeln) angenommen hat.

77) Paus. V 25, 5.

78) Ath. Mitt. VI, S. 157. Freilich ist dann die Südterrassenmauer, nicht die Altismauer anzunehmen: die Knaben durften nicht durch die Prozessionsstrafse vom Tempel getrennt sein. Aber es ist überhaupt wahrscheinlich, dass Pausanias hier und bei dem Werke des Nikodamos, 25, 7, die Terrassenmauer meint; die Weihgeschenke der älteren Zeit drängen sich bekanntlich im Süden und Osten um den Tempel. Vgl. übrigens Hirschfeld, AZ 1882, S. 124.

Zeustempels [79]), so dass sie zum Gotte zu beten schienen. Über ihre Zahl wissen wir nichts; die Annahme eines »Knabenchores«, zu welcher der messenische verführt hat [80]), ist ebensowenig begründet, wie die, dass es nur einige Knaben [81]) gewesen seien. Bemerkenswert ist, dass in dieser Figurenreihe Handlung auftritt, freilich ohne den Charakter der primitiven Gesellschaftsgruppe aufzuheben. Denn diese Handlung des Betens richtet sich nach aufsen, und so schön und fein auch der Meister der Sosandra für Abwechselung in Haltung und Geberde gesorgt haben wird, das Verhältnis der Figuren zu einander konnte dadurch nicht enger, der Bann der Monotonie noch nicht gebrochen werden.

Um dieselbe Zeit oder kurz vorher [82]) liefs Smikythos seine stattlichen Weihgeschenke in Olympia aufstellen. Die gröfseren wurden bereits erwähnt; die kleineren [83]) boten auch nach der Entführung eines Teils der Figuren ein buntes abwechselungreiches Bild, zu dessen Verständnis jetzt Bruchstücke der Weihinschrift [84]) helfen, aus denen sich entnehmen lässt, dass das Werk allen Göttern und Göttinnen geweiht war. Zu Pausanias' Zeit [85]) waren von diesem Werke des Dionysios noch Kora, Aphrodite, Ganymedes, Artemis, Homer, Hesiod, Asklepios, Hygieia, Agon, Dionysos, Orpheus und ein unbärtiger Zeus vorhanden. Es ist unverkennbar, dass die lange Statuenreihe sich in Teilgruppen zerlegte; aber es wäre vergebene Mühe, diese voneinander abgrenzen zu wollen. Wir müssen uns mit der durch Furtwänglers Beobachtungen [86]) sehr wahrscheinlich gemachten Anschauung begnügen, dass diese Statuen in langer Reihe auf einer gemeinsamen Basis standen, deren Unterbau uns noch erhalten ist. Die Mafse dieses Fundaments

---

79) Auch die Lage des gleich darauf erwähnten Werkes (Achaiergruppe) spricht für die Südmauer.

80) So Overbeck, SQ 523.

81) Bötticher, Olympia², S. 254.

82) Ich glaube nämlich mit Urlichs (Jbb. f. Philol. Bd. 69 (1854), S. 378), dass Motya und Motyon verwechselt worden sind. Demnach würde der Sieg in ol. 81, 2 oder 82, 2 zu setzen sein (eine Lücke im Texte des Diodor ist sicher, da der Olympionike von 82, 1 fehlt; vgl. Diodor ed. Dindorf IV, p. 557). Die Geschenke des Smikythos sind nach Furtwängler, AZ 1879, 151, nicht vor ol. 80 zu setzen.

83) Paus. V 26, 2 ff. SQ 401.

84) Löwy 31.

85) Dass Pausanias hier als Autopt spricht, scheint mir unzweifelhaft.

86) a. a. O. S. 150 f.

und der Inschriftblöcke gestatten, die ursprüngliche Figurenzahl auf etwa 16—18 anzusetzen[87]).

Wir haben diese eine Urform der Gruppe durch die archaische Zeit hindurch verfolgt und dabei beobachtet, wie hartnäckig auch die der Reife sich nähernde Kunst an dieser primitivsten Form festhielt. Wir werden später bemerken, dass dieselbe in keiner Periode der Kunstgeschichte ganz verschwindet. Einer Kunstform, die sich so lange und so nachdrücklich Geltung verschaffte, mangelte sicher der innere Drang zur Vervollkommnung; von aufsen musste in diese starren Gebilde Leben gebracht werden. Selbst den kümmerlichen Belebungsversuch, zu dem die ägyptische Kunst sich aufraffte, darf man vielleicht auf solche äufsere Einflüsse zurückführen; dass er nicht folgenreicher wurde, verschuldete die Starrheit und Schwerfälligkeit dieser Kunst. In der griechischen Kunst ist der gleiche Versuch nicht nur besser geglückt, sondern er verbürgte die Zukunft der im Entstehen begriffenen Kunstform.

§ 3.

Die primitive Handlungsgruppe.

Die statuarische Kunst der Griechen hat auch den zweiten der beiden Wege, welche sie zur Gruppe hinzuführen geeignet waren, nicht unbeschritten gelassen: sie hat frühzeitig aus Malerei und Reliefkunst die Muster für lebhaft bewegte Handlungsgruppen entnommen. Aber wie die Gesellschaftsgruppe nur langsam ihren Umfang erweitert, so wächst die Handlungsgruppe zögernd zur Selbständigkeit heran; ihres Ziels noch unbewusst, haftet sie ängstlich an ihren Vorbildern. So lässt sich auch hier eine kindliche, primitive Form, ein Gegenstück zur primitiven Gesellschaftsgruppe, deutlich erkennen.

Die Darstellung lebhafter, figurenreicher Szenen war die Lieblingsaufgabe der durchaus episch empfindenden dekorativen Kunst geworden; vom homerischen Schild bis zum amykläischen Throne und dem Bilderschmucke, den Gitiadas dem Tempel der Athena Chalkioikos gab, finden wir solche, der in der Fläche darstellenden Kunst durchaus angemessene Szenen stets in der Mehrheit vertreten. Dass der-

---

87) Da nämlich die Inschriftplatte eine Tiefe von 0,755 m hat, werden diese »kleineren« Figuren doch nicht viel unter Lebensgröfse geblieben sein. Bedenken erregt freilich Furtwänglers Ausdruck: »jetzt noch 12 m lang«. Ist das Fundament in der That unvollständig?

gleichen für die statuarische Kunst nicht ebenso gut sich eignet, dass diese gut thut, die Zahl der Figuren möglichst zu beschränken oder, wenn sie diese Fülle der Gestalten nicht missen will, den gesteigerten Schwierigkeiten gegenüber auch ein gröfseres Mafs künstlerischer Erfindungskraft aufbieten muss, dieses Geheimnis konnte die kindliche Kunst noch nicht erraten. So wurde denn die epische Redseligkeit dieser älteren Werke treuherzig ins Gebiet der statuarischen Kunst mit herübergenommen, und wenn es auch nur Zufall sein mag, dass unter den uns bekannten Handlungsgruppen von beschränkter Figurenzahl keine einzige in sehr frühe Zeit zu gehören scheint, so werden doch in der That die Fälle sehr selten gewesen sein, wo diese zuschauenden, teilnehmenden, ermunternden oder hilfebereiten Nebenpersonen der Haupthandlung sich nicht bequem anschliefsen liefsen.

Die Zahl der uns bekannten Werke dieser Art ist nur eine geringe; aber unsere Charakteristik derselben wird gestützt durch eine jüngere Gattung von Gruppen, welche ihrem Ursprunge treu durch alle Zeiten dekorativ geblieben sind: die Giebelgruppen. Die Entwickelung dieser zu herrlichen Aufgaben berufenen Kunstform verlangt eine gesonderte Betrachtung, welche aufserhalb des Rahmens unserer gegenwärtigen Aufgabe fällt; hier soll nur ihre enge Beziehung zu den alsbald zu besprechenden Werken kurz angedeutet werden.

Den ehrwürdigen Meistern Dipoinos und Skyllis würde hier der erste Platz gebühren, wenn Otfr. Müllers [88]) Vermutung, dass sie für Sikyon den Dreifufsstreit des Apollon und Herakles darstellten, von den mancherlei daran sich knüpfenden Zweifeln zu befreien wäre. Erschüttert wurde diese Hypothese zuerst durch v. Rohden [89]), und wenn auch seine Darlegungen nicht ganz unanfechtbar sind [90]), so hat er doch das Vertrauen, das man bis dahin in die geistreiche Ver-

88) Zschr. f. d. Altw. 1835, S. 881 ff. Kl. Schr. II, S. 637. Kunstarch. Werke IV, S. 69. Milchhöfer (Anf. d. Kunst, S. 167) dachte auch an eine Darstellung des Streites um die Hirschkuh; aber wenn die Nichterwähnung des Dreifufses sich noch erklären liefse, das Schweigen über die Hirschkuh würde unverständlich sein.

89) AZ 1876, 122 ff. Beigetreten sind ihm Overbeck, Plastik³ I, S. 70 und Rh. Mus. 1886, S. 67 ff. Urlichs, Beitr. z. Kunstgeschichte, S. 5. Verteidigt und durch neue Hypothesen erweitert wurde Müller's Ansicht von Klein, a.-e. M. a. Ö. V, S. 93 ff.

90) Siehe hierüber Robert, Arch. Märchen, S. 21. Dagegen spricht Schreiber (Roschers mythol. Lexikon, Sp. 597) ohne Einschränkung von der Marmorgruppe des D. und Sk.

mutung Müllers setzte, ins Wanken gebracht, und Robert a. a. O. hat gewiss Recht, wenn er es für ein aussichtsloses Bemühen erklärt, die Frage entscheiden zu wollen.

So sind denn die ersten Beispiele dieser Gattung zwei einander sehr ähnliche Werke, welche zu den Merkwürdigkeiten von Olympia gehörten: die Herakles-Acheloosgruppe des Medon[91]) und die Herakles-Atlas-Hesperidengruppe des Hegylos und Theokles[92]).

Das im Schatzhause der Megareer aufgestellte Werk des Medon[93]) stellte den Kampf des Herakles mit Acheloos im Beisein des Oineus[94]),

---

91) Über den Namen siehe Anm. 31.

92) Neuerdings hat Purgold (vgl. Berliner philol. Wsch. 1886, Sp. 1111 ff. und [nach d. Berichten d. arch. Ges. zu Berlin 1886] 1887, Sp. 67 ff.) die überraschende Hypothese aufgestellt, dass diese beiden Werke ursprünglich die Giebelgruppen des aus Holz gebauten alten Heraions von Olympia gewesen, später aber aus den Giebeln entfernt und auf die beiden Schatzhäuser bez. den Innenraum des Heraions verteilt worden seien. Ich will davon schweigen, dass die neuesten Entdeckungen erst in Olympia, dann auf der athenischen Akropolis (Ἐφ. ἀρχ. 1884, π. VII, σ. 147 ff. [Purgold]. 1885, σ. 234 ff. [ders.]; Ath. Mitt. X, S. 237 [P. J. Meier]) sehr dazu beigetragen haben, den Ursprung der Giebelgruppe aus dem Giebelrelief wahrscheinlich zu machen; dass P.'s Annahme, diese Reliefform trete nur aus Rücksicht auf geringeres Material vorübergehend an Stelle der Rundbilder (a. a. O. 1887, Sp. 98), völlig willkürlich ist; dass es ebenso willkürlich ist, Thon als »das Material der rein ornamentalen, architektonischen Verkleidung« (a. a. O. Sp. 99) hinzustellen; dass beide Darstellungen — besonders die Hesperidengruppe — in ein Giebeldreieck schlecht zu passen scheinen: das alles gehört in eine Betrachtung der Entwickelung der Giebeldekoration. Hier sei nur betont, dass die Figuren der Gruppe des Medon und, da die Athena aus dieser mit den Hesperiden des Theokles zusammengestellt werden konnte, auch die der anderen Gruppe in der That klein (ζῴδια; »piccole figure«, Urlichs AdJ 1839, p. 265 und MABdJ 1856, p. 104; »kleine Figuren« Schubart, Pausaniasübers. S. 464; anders Overbeck KM II, S. 556, Anm. 21, wogegen Schubart, Jbb. f. Philol. Bd. 105, S. 179; vgl. die ζῴδια des Kypseloskastens) waren, also die Schatzhäuser gewiss zur vollständigen Aufnahme je einer der Gruppen Raum boten (gegen Milchhöfer, Anf. d. Kunst, S. 167, der wie P. Raummangel ohne jegliche Begründung annimmt); dass ferner solche Kostbarkeiten eher anderswoher ins Heraion als aus diesem fortgeschafft wurden, nicht sowohl weil es Pausanias (VI 19, 8. 12) von unseren Werken ausdrücklich sagt, als nach dem allgemeinen Bilde, welches dieses Heiligtum in späterer Zeit bot (vgl. Anm. 36 z. S. 13); endlich dass Hera kein Interesse daran hatte, den verhassten Helden an ihrem eigenen Tempel verherrlicht zu sehen. [Vgl. dagegen neuerdings JbdJ II, S. 118 ff. 123. (Koepp).]

93) Paus. VI 19, 12. SQ 330.

94) Der Text gibt Zeus. Die Gründe für Oineus bei Overbeck KM II, S. 556, Anm. 22; Schubart, Jbb. f. Philol. Bd. 105, S. 179; die Vasenbilder zusammengestellt AZ 1885, 109 (Lehnerdt). Für Zeus als Ἀγώνιος hatte Urlichs AdJ

der Deïaneira, des Ares und der Athena dar. Wenn wir auch nicht beurteilen können, mit welcher Lebhaftigkeit hier die Handlung auftrat, so genügt doch der kurze Bericht des Pausanias, uns ungefähr eine Vorstellung von diesem Werke zu geben. Sicher ist natürlich ohne weiteres, dass die Kämpfer einander gegenüberstehend die Mitte einnahmen; sie waren vielleicht nicht materiell verbunden [95]), da Pausanias nicht wie bei Erwähnung desselben Gegenstandes am amyklälschen Throne [96]) von einer πάλη, sondern von einer μάχη spricht und die Trennung der Figuren technisch jedenfalls bequemer war. Im übrigen hilft uns die bei Pausanias eingehaltene Reihenfolge weiter: der Perieget pflegt, wenn er nicht einfach von links nach rechts aufzählt, von der Mitte auszugehen [97]). Im ersteren Falle würde sich die Reihenfolge ergeben: Oineus. Deïaneira. Acheloos. Herakles. Ares; für Athena, die bekanntlich ins Heraion versetzt war, liefse sich kein Platz bestimmen. Dass diese Anordnung ohne Sinn wäre, ist klar; Ares gehört zu Acheloos' Partei, und überdies pflegt in archaischen Darstellungen dieser Szene Herakles links zu stehen [98]).

Ging Pausanias aber von der Mitte aus, so ist es auffallend, dass er die Hauptsache, die beiden Kämpfer, nicht zuerst nennt. Dieses Bedenken fällt jedoch weg, wenn man mit Overbeck a. a. O. annimmt, dass Oineus und Deïaneira wie Athena in den äginetischen Giebeln hinter den Kämpfern standen, die Gruppe also so geordnet war:

	Oineus.	Deïaneira.	
(Athena).	Herakles.	Acheloos.	Ares.

Pausanias nannte dann zuerst, von links nach rechts gehend, die zurückstehenden Figuren [99]), schloss dann in umgekehrter Richtung, wie am Kypseloskasten, fortfahrend die Mittelgruppe ab und endete

1839, p. 265 auf Grund von Soph. Trach. 926 gesprochen, was Overbeck a. a. O. zurückgewiesen hat.

95) Doch liefs sich dies sehr leicht bewerkstelligen: das Anpacken des einen Hornes genügte.

96) Paus. III 18, 16.

97) Vgl. S. 19; ferner die Apollon-Leto-Artemisgruppe in Megara I 44, 2; Zeus-Hera-Athena X 5, 2; Hera-Athena-Hebe VIII 9, 3; ähnliche V 24, 7; VIII 30, 10; augenscheinlich geht er von der Mitte aus bei der Sympathesgruppe VII 26, 9.

98) Lehnerdt AZ 1885, 109.

99) Sie mochten die Kämpfer überragen, da Acheloos nach der Weise der s. f. Vasen wahrscheinlich kentaurenhaft gebildet war, Herakles sich vielleicht vorbeugte; vgl. das Vasenb. Gerhard, etrusk. u. camp. Vb. XV. XVI, 3.

mit dem noch übrigen Ares, worauf er die nicht mehr vorhandene Athena verzeichnete. In der That stimmt hier alles aufs beste: die helfenden Götter sind an der rechten Stelle; die Anordnung der eigentlichen Kampfgruppe entspricht dem gebräuchlichen Schema; Oineus wird durch seine Stellung zur Partei des Herakles gezogen, während Deïaneira auf der Seite des Feindes steht, von dem sie Herakles erst erbeuten soll.

Nicht so leicht kann man sich von dem Werke des Hegylos und Theokles eine befriedigende Vorstellung machen. Pausanias[100]) nennt der Reihe nach die von Atlas getragene Himmelskugel, Herakles, den Apfelbaum; die nicht mehr an Ort und Stelle befindlichen Hesperiden waren 5 an Zahl[101]). Die Schwierigkeit in der Anordnung dieser Elemente verursacht nicht sowohl der Baum, den man, seiner Wichtigkeit gemäfs, als Gegenstück einer der Hauptfiguren betrachten darf, als die ungerade Zahl der Hesperiden, und ich gestehe, dass ich über die Annahme nicht hinauskomme, die Hesperiden seien nicht mehr vollzählig gewesen, wie das auch Purgold neuerdings[102]) angenommen hat, freilich um Folgerungen daraus zu ziehen, die ich durchaus nicht anzuerkennen vermag. In den 3 Hauptfiguren aber werden wir wohl die unversehrt gebliebene Mittelgruppe erkennen dürfen, so dass Pausanias, mit der alles überragenden Himmelskugel beginnend, auch hier von der Mitte ausging[103]). Die Gruppe mochte also so geordnet sein:

(3?) Hesp. Baum. Atlas. Herakles. (3?) Hesp.

oder:

Hesp. Herakles. Atlas. Baum. Hesp.

Von der Auffassung im einzelnen können wir uns wenigstens soweit eine Vorstellung machen, dass wir an diesen beiden Werken den Grundunterschied zwischen Gesellschafts- und Handlungsgruppe beobachten können. Wie dort die Statue auch innerhalb der Gruppe ihre Selbständigkeit bewahrt, indem sie sich dem Beschauer zuwendet, so hängt hier alles so völlig von der dargestellten Handlung ab, dass

---

100) VI 19, 8. SQ 328.

101) Paus. V 17, 2.

102) s. Anm. 92.

103) Die Version der Sage ist dieselbe wie am Kypseloskasten; vielleicht hielt Atlas auch hier die Äpfel und Herakles bedrohte ihn. Eine Verwechselung der beiden, wie bei der Metope (s. Curtius, Ath. Mitt. I, S. 210), ist hier wohl ausgeschlossen, da die Figuren niedrig standen.

die Stellung der Einzelfigur zum Beschauer Nebensache wird. Im allgemeinen muss in der Handlungsgruppe die Seitenansicht ebenso wie in der Gesellschaftsgruppe die Vorderansicht überwiegen, und wenn auch von einer gereiften Kunst eine wohlthuende Ausgleichung dieser Kontraste sich erwarten lässt, so darf uns in den Werken der altertümlichen Kunst ihr schroffes Auftreten nicht verwundern. In der Gruppe des Medon werden die beiden Kämpfer sowie Athena und Ares, in der Hesperidengruppe Herakles und die Hesperiden ganz e. p. gestanden haben, und wenn der Träger der Himmelskugel hier und Oineus und Deïaneira dort sich, wie ich glaube, dem Beschauer zuwandten, so geschah dies in ganz anderm Sinne als in einer Gesellschaftsgruppe, nämlich ebenfalls nach dem Gebot der dargestellten Handlung, vermöge der allerdings hypothetischen Mittelstellung, welche sie in dieser einnahmen. Und um auf diese Beobachtungen, die für den doppelten Ursprung der statuarischen Gruppe aus dem einzelnen Rundbild einer-, aus der Fläche andererseits eine willkommene Bestätigung liefern, eine drastische Probe zu machen, stelle man sich die Gruppe im Heraion vor, welche aus den Hesperiden des Theokles und der Athena des Medon zusammengesetzt war: kein Zweifel, dass diese nunmehr handlungslos verbundenen Figuren eine primitive Gesellschaftsgruppe bildeten, so dass ihre wenn auch bescheidenen, aber gewiss nicht ganz fehlenden Geberden sich statt an den ihnen entrissenen Helden an den Beschauer richteten[104]).

Auf diese beiden hochaltertümlichen Werke folgt eine lange Pause, und erst mit dem seiner Zeit nach leider streitigen Siege der Phoker über die Thessaler (s. o. S. 16 f. u. Anm. 63) begegnet uns wieder eine derartige Gruppe, der nach Delphi geweihte Dreifufsstreit des Diyllos, Amyklaios und Chionis[105]). Herakles und Apollon standen, den Dreifufs fassend, kampfbereit einander gegenüber; den einen suchten

104) Es ist mir von Wert, dass in ganz anderem Zusammenhang Milchhöfer, Anf. d. Kunst S. 167 zu einer ähnlichen Charakteristik der beiden eben besprochenen Werke gelangt.

105) Paus. X 13, 7. Herod. VIII 27. SQ 480 mit Nachtrag S. 469. Die von Herodot genannten ἀνδριάντες sind oft mit der Gruppe des Aristomedon (s. o. S. 17 f.) fälschlich identifiziert worden. Dass die aus gleichem Anlass nach Abai geweihten Bilder ebenfalls den Dreifufsstreit darstellten, möchte ich aus dem unbestimmten τοσοῦτοι des Herodot nicht schliefsen. Eher bin ich geneigt, diese Weihgeschenke mit den Bildsäulen (Gruppe?) des Apollon, der Leto und Artemis zu identfizieren, die Paus. X 35, 4 als (ἀγάλματα) ὀρθὰ (χαλκοῦ) erwähnt.

Leto und Artemis, den anderen Athena zurückzuhalten[106]). Hier ist die ungleiche Zahl der Parteien auffällig, und man fühlt sich versucht, auf der Seite des Herakles noch eine Figur, nach Analogie der Vasenbilder[107]) am ehesten Hermes, hinzuzufügen; da es indes eine bedenkliche Sache ist, auch ohne besonderes Zeugnis ein Kunstwerk für lückenhaft zu halten[108]), so müssen wir wohl eine nicht eben gut komponierte Gruppe in Kauf nehmen, die wenigstens das eine für sich hat, dass sie den Gott, dem sie im Angesicht seines Tempels[109]) geweiht war, mit seinem Dreifufs in die Mitte stellt; also:

Athena. Herakles. Dreifufs. Apollon. Leto. Artemis,

so dass Pausanias auch hier mit der Hauptgruppe, von links nach rechts gehend, begänne und die Parteien in chiastischer Ordnung anführte. Die Figuren werden, der Handlung entsprechend, sämtlich im Profil gestanden und so an Reliefkomposition stark erinnert haben.

Die in der griechischen Kunst seltene Abweichung vom Gesetze der Symmetrie, welche in dieser Gruppe wahrscheinlich stattfand, würde man nicht so leicht zu nehmen haben, wenn nicht dafür ein merkwürdiges Analogon eine Gruppe in Olympia böte, die ich, allerdings nur auf Grund der in ihr herrschenden epischen Auffassung, der archaischen Kunst und genauer, wegen eines trefflich mit der Beschreibung des Pausanias[110]) stimmenden strengrotfigurigen Vasenbildes[111]), der reifarchaischen zurechne. Die Gruppe, ein Weihgeschenk der Phliasier[112]), stellte die Verfolgung der Aigina durch Zeus im

106) Dass Artemis dem Bruder beistand (so Schreiber, Roschers mythol. Lexikon Sp. 597), sagt Pausanias nicht.

107) Vgl. die Reihe der Darstellungen CR p. 1868, p. 37 ff.; p. 50 sind 6 Vasen dieser Art genannt, sämtlich s. f.

108) Vgl. S. 18.

109) So Herodot a. a. O.

110) V 22, 6. Levezow a. a. O. S. 25: »gesellschaftliche Gruppe auf Einzelbasen«, obwohl er ausdrücklich sagt, dass Zeus Aigina fasse.

111) Mus. Gregor. II 20, 1. Braun, Antike Marmorwerke, 1. Dec. Tfl. 6. Nach Analogie dieser Darstellung wird ein inschriftenloses Palermitaner Vasenbild auf denselben Gegenstand bezogen von Förster, BdJ 1870, p. 70.

112) Derartige von Staatswegen nach den Nationalheiligtümern von Olympia und Delphi geweihte, meist umfangreiche oder sonst merkwürdige Werke sind für das 5. Jahrh. besonders charakteristisch; später scheint man das Geld lieber zu Hause zu verwenden. Tabellen solcher Werke — mit und ohne Meisternamen — bei Löwy, Unters. z. griech. Künstlergesch. (Abhandlungen d. arch.-epigr. Sem. z. Wien, Bd. IV), S. 5 f., bes. Anm. 3. 6. Die bemerkenswertesten Ausnahmen späterer Zeit bilden Weihgeschenke für Galatersiege, welche die gute alte Sitte noch

Beisein ihrer Schwestern und ihres Vaters Asopos dar, und die Anordnung der Figuren wird von Pausanias mit einer Anschaulichkeit beschrieben, die man sonst nur zu oft bei ihm vermisst. Links am Anfang[113]) der Reihe stand (πρώτη) Nemea; darauf (μετὰ δὲ αὐτὴν) folgte Zeus, die Aigina fassend oder wenigstens nach ihr greifend (λαμβανόμενος)[114]); neben (παρὰ) dieser stand Harpina, darauf (μετὰ δὲ αὐτὴν) Korkyra, dann (ἐπ' αὐτῇ) Thebe; den Schluss (τελευταῖος) bildete Asopos.

Für den Ursprung der Handlungsgruppe aus der Fläche ist dieses Werk ein sehr schlagendes Beispiel: die Komposition könnte ebenso gut ein architektonisch gegebenes Rechteck füllen oder streifenförmig einen Gefäfsbauch umziehen. Und in der That deckt sich die Komposition auf dem erwähnten Vulcenter Stamnos des Vatikans fast völlig mit der unserer Gruppe: auch hier macht eine Asopide links den Anfang, auch hier sehen wir zwischen Aigina und Asopos drei Schwestern, während die beiden überzähligen Mädchen natürlich als unwesentliche, nur durch die gröfsere Ausdehnung des gegebenen Raumes bedingte Füllfiguren anzusehen sind[115]). Die Gruppe war gewiss wie das Vasenbild durch Abwechselung in Haltung und Geberden der fliehenden, erstaunten oder geängstigten Schwestern anmutig belebt, während der ruhig auf sein Zepter gestützte Vater den Ziel- und Ruhepunkt der bewegten Komposition bildete. Die Rücksichtslosigkeit aber, mit der der Künstler sich dem in der Flächendekoration ausgebildeten Typus[116]) anschloss, erklärt sich wohl zum grofsen Teil aus dem spröden Stoff: wollte er Asopos und damit die Schwestern nicht missen, so war es allerdings eine verzweifelte Aufgabe, für diese Figuren eine architektonisch strenge Anordnung zu finden, welche der Bedeutung der beiden

---

einmal kräftig aufleben lassen: Paus. X 15, 2. 7; 18, 7; 19, 4; 23, 4. Für Weihgeschenke Privater (Löwy, S. 6 und Anm. 6) lässt sich dieser Unterschied nicht mit derselben Strenge beobachten.

113) Die ohnehin natürlichste Richtung von links nach rechts ist hier noch gesichert durch die Richtung der Zeusbilderperiegese vom Stadioneingange zur Südmauer. Die Ansicht Flasch's über diese Periegese (Baumeister, Denkm. S. 1091 l. kann ich nicht teilen.

114) Sie fassend nach Overbeck, KM II, S. 399; vgl. Levezow a. a. O. Sicher entscheiden lässt sich darüber nicht; bequemer und doch nicht minder wirkungsvoll war es jedenfalls, Zeus nur die Hand nach ihr ausstrecken zu lassen.

115) Dass Asopos hier n. r. steht, die auf ihn zueilenden Mädchen also von Zeus, nicht von Aigina herkommen, bedarf keiner besonderen Erklärung.

116) Ich denke hier natürlich an Verfolgungsszenen überhaupt.

Hauptfiguren, zugleich aber der ihrer Umgebung und besonders des Vaters, der den Schluss bilden musste, gerecht geworden wäre.

Mit einiger Wahrscheinlichkeit lässt sich in die erste Hälfte des 5. Jahrh. eine von den Knidiern nach Delphi geweihte Gruppe setzen, welche Leto und Tityos und die Bestrafung des Frevlers durch die Letoïden darstellte[117]). Erstlich nämlich gehören diese Gemeinde- oder Staatsweihgeschenke, wie oben erwähnt, meist ins fünfte Jahrhundert; aufserdem aber ist die Erlegung des Tityos durch beide Geschwister ein Zug archaischer Darstellungen dieses Mythos, während Apollon allein als Rächer und zwar mit dem Schwert als Waffe auf rotfigurigen Vasen beliebt ist[118]). Trifft dieser Ansatz das Richtige, so wird man auch die Komposition nach jenem älteren Typus sich denken dürfen: Apollon und Artemis eilten dann von links herbei, ihrer Mutter zu Hilfe, auf deren anderer Seite, vielleicht die Göttin noch festhaltend, der schon verwundete Tityos stand oder, seine Beute im Stich lassend, entfloh[119]). Die von rotfigurigen Vasen her bekannte mehr dramatische Fassung der Szene, in welcher Tityos die Göttin noch umklammernd zu ihren Füfsen auf's Knie niederstürzt, scheint mir weniger passend für unsere Gruppe, nicht nur wegen der von mir angenommenen Zeit derselben, sondern auch weil bei vier aufrecht stehenden Figuren die Massen besser verteilt sein würden, als in jener den Schwerpunkt nach rechts und unten verlegenden Komposition. Als ganz sicher wird man, da es sich um Bogenkampf handelt, annehmen dürfen, dass Leto dem Künstler dazu diente, die Schützen und ihr Ziel wenigstens um eine kleine Strecke zu trennen[120]), dass also Tityos sich an dem einen Ende der Gruppe befand; stand Apollon am anderen, so bildeten die beiden bekleideten mit den sie umrahmenden nackten Figuren jedenfalls eine erträgliche Gruppe.

Dieses Werk steht auf der Grenze zwischen der stets schwierigen figurenreichen und der auf wenige Figuren sich beschränkenden, die bequeme Zweizahl bevorzugenden Handlungsgruppe; sie nähert sich

---

117) Paus. X, 11, 1.

118) Beide Geschwister (behelmt) auf der s. f. Vase MABdJ 1856, T. X 1; ähnlich der s. f. Vasenscherben Ἐφ. ἀρχ. I π. 3. Beispiele des jüngeren Typus (Apollon allein) MABdJ 1856, T. X 2. XI. MdJ I 23. Gerhard, Trinksch. u. Gef. C, 1—3.

119) Das alte Laufschema noch MABdJ 1856 T. X 1.

120) Obwohl dies die griechische Kunst nicht pedantisch streng nahm, wo es nicht bequem zu ermöglichen war.

dieser Grenze von oben, wie von unten her z. B. die 3 figurigen Gruppen des olympischen Westgiebels. Sie verdankt die Ausschliefsung nur mittelbar beteiligter Nebenfiguren, wie solche in dem vorher erwähnten Werke einen breiten Raum einnahmen, wohl mehr der Gunst des Gegenstands, als einer künstlerischen Absicht[121]); aber sie bildet eben darum ein Mittelglied zwischen der absterbenden Form der primitiven, figurenreichen und der in der reifarchaischen Kunst zu kräftigstem Leben heranwachsenden 2 figurigen Handlungsgruppe.

Dass diese 2 figurige Handlungsgruppe in der älteren archaischen Kunst unseres Ermessens fehlt, in der späteren aber zu starker Geltung gelangt, dass andererseits mit dem Erstarken dieser Form jene ältere verschwindet, das giebt uns das Recht, von einer primitiven Form der Handlungsgruppe zu reden. Die unter Beseitigung aller Nebenfiguren nach energischer Konzentration ringende Handlungsgruppe ist nicht die einzige Erbin jener Urform: ihr eigenster Besitz fällt den verschiedenen Spielarten jener Massengruppe zu, welche aus der Einöde der handlungslosen, figurenreichen Gesellschaftsgruppe zur lebendigen Handlungsgruppe flüchtet und durch deren Beispiel belehrt, ihre Aufgabe in ihrer ganzen Schwierigkeit erkennt und ihrer Lösung näher zu kommen sich redlich müht.

---

121) Der in dieser Szene öfters vorkommende Hermes ist nichts als Füllfigur.

Zweites Kapitel.

Ausbildung fester Grundformen der statuarischen Gruppe.

Der Hauptwert der bisher betrachteten Formen liegt darin, dass sie der zur Selbständigkeit heranreifenden Kunst den Rohstoff für vollkommenere Gebilde lieferten. Die nachbarliche Existenz zweier von ganz verschiedenen Voraussetzungen ausgegangener Formen musste für die Vorzüge und die Schwächen jeder die Augen öffnen und den Wunsch erwecken, den zwischen ihnen bestehenden Gegensatz durch Austausch dieser Vorzüge aus der Welt zu schaffen oder wenigstens nach Kräften zu vermindern. Die Gesellschaftsgruppe war von der Zwei- und Dreizahl ausgegangen, aber ihren eigenen Vorteil verkennend begann sie diese heilsame Beschränkung aufzugeben, zum Teil vielleicht unter dem Einflusse der gestaltenreichen Handlungsgruppe und ihrer malerischen Vorbilder. Die Handlungsgruppe wiederum konnte ihres besten Besitzes nicht froh werden, wenn sie nicht die beschwerliche Zugabe der Nebenfiguren entweder, die Beschränkung der ältesten Gesellschaftsgruppe zum Muster nehmend, gänzlich ausschied oder unter Anstrengung aller künstlerischen Kräfte sie zu wahrhaft unentbehrlichen Teilen des Ganzen machte. So reiften die einzelnen Arten der Kunstform heran, die wir im Gegensatz zur primitiven als Gruppe schlechthin bezeichnen. Es leuchtet ein, dass bei diesem Vorgang die Handlungsgruppe, in letzter Linie also die Kunst der Fläche, mehr die gebende, die Gesellschaftsgruppe die empfangende war. Die charakteristischen Vorzüge beider vereinigten nunmehr die beiden vollkommensten Formen der Gruppe: die Gesellschafts- und die Handlungsgruppe von beschränkter Figurenzahl. Neben diesen aber blieb auch die figurenreiche Gruppe ein verlockendes

Ziel, das die Kunst, je nachdem sie sich mehr an die eine oder die andere der beiden Grundformen hielt, auf verschiedenen Wegen zu erreichen suchte. In der archaischen Kunst sind diese Versuche nach Zahl und Bedeutung dürftig geblieben; wir erledigen daher ihre Betrachtung gleich zu Anfang, um uns alsdann den beiden wichtigeren Formen zuzuwenden.

§ 4.

Die figurenreiche (Massen-) Gruppe.

Dass auch die primitive Gesellschaftsgruppe mit der Zeit nach gröſserem Umfang strebte und zur eintönigen Figurenreihe ausartete, ist oben (§ 2b) gezeigt worden. Zu ihr bildet den Gegensatz als direkte Fortsetzung und Steigerung der primitiven Handlungsgruppe die völlig von verbindender Handlung durchdrungene Massengruppe, d. h. diejenige, in welcher jede Figur mit mindestens einer anderen durch Handlung verbunden ist, sei es dass mittels Reduktion der Vielzahl auf die Zweizahl eine einzige Handlung die Figuren beherrscht, sei es, dass sich eine Reihe von einzelnen, durch Handlung innerlich, aber nicht untereinander verbundenen Gruppen, ein Gruppenverein sozusagen, bildet, was wiederum auf eine Reduktion der gegebenen Vielzahl, nur in anderem Sinne, hinauskommt. Zwischen diesen Extremen liegt diejenige, als Mischform auf den ersten Blick kenntliche Figurenreihe, die nur zum Teil durch verbindende Handlung belebt ist, daneben also einen Rest handlungsloser Figuren beibehält. Keine vielleicht von diesen Formen fehlt der archaischen Kunst völlig[122]), obwohl sie nicht mit derselben Klarheit hervortreten wie in späteren Perioden.

Mit Zweifeln beginnen wir auch hier. Denn durchaus zweifelhaft ist es zunächst, wie man sich das von Hagelaïdas gearbeitete delphische Weihgeschenk der Tarentiner[123]) denken soll. Pausanias spricht nur von ehernen Rossen[124]) und kriegsgefangenen messapischen Weibern; man könnte also z. B. annehmen, dass die Rosse diese lebendige

122) Es fragt sich nämlich, ob die unten zu erwähnende athenische Giebelgruppe alle Figuren in ihren Teilhandlungen aufgehen liefs oder ob handlungslose übrig blieben.

123) Paus. X 10, 6. SQ 396.

124) Brunn KG I S. 73: »Reiter«; Overbeck, Plastik ^{3} I S. 106: »Krieger«. Kuhnert, Statue und Ort, Fleckeisens Jbb. f. klass. Philol. XIV. Suppl.-Bd., S. 331, Anm. 1: »Man wird mit Brunn an Reiterbilder denken dürfen«.

Kriegsbeute trugen. Gewöhnlich aber nimmt man, mit nicht besserem Rechte, an, dass die Angabe des Pausanias unvollständig sei und denkt sich nach Analogie eines anderen, von Onatas gearbeiteten Weihgeschenkes der Tarentiner[125]), das Werk des Hagelaïdas als eine figurenreiche, doch wohl nicht handlungslose Gruppe.

Leider aber können wir uns auch von dem Werke des Onatas keine bestimmte Vorstellung machen. Zwar ist die Vermutung Overbecks[126]), dass hier wie in den äginetischen Giebelgruppen ein Kampf dargestellt gewesen sei, sehr verlockend; doch ist zu bedenken, dass aufser der doch ziemlich ausführlichen Angabe des Pausanias die übrigen Werke des Meisters uns den einzigen Anhalt bieten. Von allen diesen aber stellt nur die Achaiergruppe Figuren in einer Handlung dar, deren Lebhaftigkeit zu überschätzen wir uns sehr hüten müssen (s. u. S. 38 f.). Die Pausaniasstelle aber ist leide rnicht so genau wie ausführlich, so dass die verschiedensten Deutungen nicht ausbleiben können. Sicher ist, dass das einzige Wort, das an Handlung erinnern könnte, das ἥκων, seiner perfektischen Bedeutung wegen nicht in Betracht kommt, was durch das Folgende bestätigt wird. Es wird nämlich ausdrücklich berichtet, dass Opis als Todter[127]) dargestellt war. Wenn nun auch Feuerbachs Annahme[128]), dass der Todte und der Delphin einander entsprechend die Reihe schlossen, auf einem Irrtum beruht und Brunns[129]) Übersetzung: »auf ihm standen T. und Ph.« wenig für sich hat, so ist es doch höchst fraglich, ob die Übersetzung »an, neben ihm standen«[130]) die angeführte Vermutung genügend unterstützen kann. Festgehalten muss werden, dass Pausanias' Angabe auch an

125) Paus. X 13, 10. Für die Zeit dieser beiden Werke glaubte Mommsen Ad J 1848, p. 127, 1 als terminus ante quem ol. 76, 4, das Jahr einer schweren Niederlage der Tarentiner (Diod. XI 52) annehmen zu können.

126) Plast.[3] I, S. 114. Ähnlich Foucart, Arch. des miss. scientif. sér. 2 II, p. 45.

127) εἴκασται τεθνεῶτι ἐν τῇ μάχῃ. Ich bezweifle sehr, ob man das frei auffassen darf in dem Sinne, dass es sich nur um einen Gefallenen, wie in den äginetischen Giebeln handle. Auch eine Beziehung auf eine bestimmte, hier also im Bilde vorgeführte Schlacht kann ich in dem ἐν τῇ μάχῃ nicht finden.

128) Nachgel. Werke II S. 156. Der Delphin wird von Paus. ausdrücklich in die Nähe des Phalantos gesetzt.

129) a. a. O. S. 93. 123.

130) Das »herangetreten«, mit dem Schaarschmidt, de ἐπὶ praeposit. apud Paus. vi et usu p. 46 ff. das ἐφεστηκότες zu übersetzen versucht, kommt auf dasselbe hinaus.

eine Figurenreihe zu denken erlaubt, in der der Leichnam des Opis zwar eine Andeutung des Kampfes sein sollte, der Kampf selbst aber nicht dargestellt war.

Wenden wir uns, da diese selbständigen statuarischen Werke uns im Stiche lassen, zu den sicher hierhergehörigen Giebelgruppen, den beiden von Ägina[131]) und der neuentdeckten athenischen[132]). Wir

131) Literatur s. bei Lange, Ber. d. sächs. Ges. d. W. 1878, II, S. 1 ff.; hinzuzufügen ist Schwabe, Jbb. f. Philol. 1879, S. 616 ff.; Julius, Jbb. f. Philol. 1880, S. 1 ff. Overbeck, Pl.³ I, S. 128 ff. und p. V ff.; Lange, AZ 1880, 121 ff.; Burckhardt, üb. die ägin. Giebelgruppen, Basel 1879; Murray, a hist. of Greek sculpt. I, p. 151 ff. Friederichs-Wolters 69—85. — Eingehendes Studium der äginetischen Skulpturen in der Glyptothek hat mich zu folgenden Ergebnissen geführt. Der Schildarm Lange 29 (Brunn 75) verträgt sich vollkommen mit der Haltung eines Zugreifenden, kann also sehr wohl demjenigen l. im Westgiebel gehören, da der schildlose Unterarm L. 28 (Brunn 74c) auf keinen Fall vom Westgiebel stammen kann. Die Ferse L. 30 (Brunn 74g) schien mir von gröberer Arbeit, als die Figuren des Ostgiebels, auf den die Bewaffnung hinweisen würde. Die beiden Oberschenkel L. 34. 35 (Brunn 74g) gehören keiner stehenden oder überhaupt nicht einer Figur an, da nach den Gewandspuren der rechte (L. 35) vorschritt, der linke (L. 34) stark zurückgeneigt, möglicherweise in fast horizontaler Lage war; die bei Lange Tfl. II 34 ganz ungenügend wiedergegebenen Faltenzüge laufen nahezu quer zum Schenkel. Auf jene 5 Fragmente aber stützte sich Lange bei der Erweiterung der früher angenommenen Komposition; ich komme daher angesichts der Fragmente auf diese ältere, durch Prachovs Untersuchungen abgeschlossene Komposition zurück. Im Ostgiebel gebe auch ich die rechte Seite gemäfs der Lage des Gefallenen und der hier vermöge ihrer Regelmäfsigkeit beweiskräftigen Korrosion den Griechen und fasse die Bewegung der Athena im Gegensatz zu der den Gefallenen und seinen Feind aufs schärfste trennenden Aktion der Athena im Westgiebel als ein Platzmachen für den zu Hilfe kommenden griechischen Theraponten. Was dieser mit dem Helm vorhat, kann ich nur vermuten; weder für eine Beraubung, die ja auch die Parteistellung ausschliefst, noch für ein »Auflesen«, wie Julius a. a. O. S. 11 seltsamerweise vermutete, passt diese Haltung. Ich finde dieselbe nur dann natürlich, wenn der Knappe dem Gefallenen den Helm wieder aufsetzen will, vermute also, dass der Künstler dadurch andeuten wollte, der nur Niedergeworfene, nicht tödlich Verletzte werde sich alsbald wieder erheben. Dem feindlichen Zugreifenden kann der Arm L. 28 (Brunn 74c) gehören, da die damit unvereinbare Hand L. 24 (Brunn 74 d) nach Mafs und Stil (ähnlich L. 30) in der That nicht zu den Giebelfiguren zu gehören scheint; dieser Therapont hätte dann keinen Schild gehabt und der Arm wäre an der Wand befestigt gewesen; nur darf sich Lange für diese technische Eigentümlichkeit nicht auf Fr. 40 (Brunn 72n) berufen, da hier der Schild, wie die bis auf die Bruchfläche sich erstreckenden Spuren roter Farbe beweisen, unzweifelhaft besonders gearbeitet war. Der Korrosion wegen ist dieser Zugreifende mit Prachov vor den Vorkämpfer zu stellen; das r. Bein ist jedoch straffer zu strecken, das l. Knie

wissen nicht, ob in der letzteren ähnliche liegende Figuren zur Füllung der Ecken verwendet waren, wie in den äginetischen, können also nicht bestimmen, ob die hier noch vorhandene Unvollkommenheit, dass nicht alle Figuren durch Handlung zum Ganzen gezogen sind, auch von der athenischen Gruppe geteilt wurde; aber wir müssen zugeben, dass auch in den äginetischen Giebeln der von der Handlung nicht unmittelbar berührte Rest — er besteht einzig aus den Gefallenen in den Ecken[133]) — verhältnismäfsig klein ist.

Halten wir uns nun in beiden Werken nur an die in die Handlung hineingezogenen Figuren, so erkennen wir beide Male diejenige figurenreiche Handlungsgruppe, die sich in eine Anzahl von Teilgruppen zerlegt, nur erfolgt diese Zerlegung nach verschiedenen Gesichtspunkten. In der athenischen Gruppe waren diese Teilgruppen wahrscheinlich durchweg 2 figurig[134]) wie die am besten erkennbare Hauptgruppe, und reihten sich rechts und links dieser an, so dass das Giebelrelief des Megareerschatzhauses hier ein treffendes Gegenstück in der statuarischen Kunst fand. Aber der äginetische Künstler wollte mehr als eine Reihe solcher Fechtergruppen; hier sollte das Ganze ein Bild der Schlacht, der Operationen der verschiedenen Treffen geben, und dieser höheren Absicht zu Liebe entschied sich der Künstler für eine zum Teil der Wirklichkeit widerstreitende Gruppierung[135]). In der Mitte finden wir nicht weniger als 6 Figuren zu einer Handlungsgruppe vereinigt[136]). Die Vorkämpfer, als Hauptträger der Handlung, haben die doppelte

---

mäfsiger zu beugen. Im Westgiebel gebe ich dem Zugreifenden l. mit Julius und Brunn den Schildarm L. 29 (Brunn 75). Endlich bemerke ich, dass ich das von Lange mit ansprechenden Gründen vermutete Verhältnis zwischen Bogenschütz und Knieendem auch nach Wiederherstellung der früheren Ordnung glaubte festhalten zu können, dass mir jedoch, nachdem der Blick dieser gegenüber seine Unbefangenheit wiedergewonnen hatte, die starke Cäsur hinter dem Knieenden ein entscheidender Gegengrund wurde; vgl. Friederichs-Wolters, S. 48.

132) S. über dieses Werk Ath. Mitt. XI, S. 185 ff. (Studniczka).

133) Doch sind die Gefallenen im Ostgiebel der Handlung in der Giebelmitte nicht so ganz abgekehrt wie die im Westgiebel. Über die Handlung der beiden Göttinnen s. Anm. 131.

134) Studniczka a. a. O. S. 193 ff.

135) Ich denke hier besonders an die Einführung der Bogenschützen, die der Künstler notgedrungen ziellos in das Getümmel hineinschiefsen lässt.

136) Die Betrachtungen von Bötticher (Olympia², S. 304) über Gruppenbildung im äginet. Westgiebel sind ziemlich oberflächlich und werden dem Werke nicht gerecht.

Bestimmung, einander entgegen zu treten und die unbewaffneten Knappen bei ihrer Aktion zu decken; dem einen Knappen aber gilt die Handlung der Athena, feindlich im Westgiebel, freundlich im Ostgiebel. Diese 6figurige Gruppe erfüllt also vortrefflich die oben ausgesprochene Forderung, dass in einer Handlungsgruppe jede Figur mindestens mit einer der übrigen durch Handlung verbunden sei: auf den Gefallenen erstreckt sich die Handlung der Zugreifenden, auf einen derselben das für den Ausgang entscheidende Eingreifen der Göttin, auf beide der Schutz der stehenden Kämpfer, und diese, den Kreislauf beschliefsend, sind in Wechselhandlung begriffen. Die Form freilich, in welcher der Zugreifende mit seinem Schützer verbunden ist, ist keine andere, als die der primitiven Gesellschaftsgruppe; eine engere Verbindung konnte sich der Künstler ersparen: ein Wehrloser im Kampfgetümmel fordert den Schutz eines Bewaffneten; durch eine Art von Attraktion wird so die eine Figur an die andere gekettet und des Charakters der Einzelfigur entkleidet. Lockerer schliefst sich an die Mittelgruppe der Knieende, indem er den Vorkämpfer als Deckung benutzt; im übrigen verhält sich nicht nur der links im Westgiebel passiv, sondern auch die Handlung des anderen ist nur scheinbar: die Hebung des Speeres war ein Notbehelf des Künstlers, der den rechten Arm zu verstecken Bedenken trug. Völlig unverbunden reihen sich an die Knieenden die Bogenschützen, wie an diese die Gefallenen; nur die Richtung nach der Mitte, die Beteiligung nicht sowohl an der dort sich abspielenden Kampfszene, als am Kampfe überhaupt haben die Schützen vor den ganz unbeteiligten Eckfiguren voraus. Nicht weniger als 8 Figuren hatte somit der Künstler ohne direkte Mitwirkung des zu Grunde gelegten architektonischen Prinzips zu einer Handlungsgruppe zu vereinigen verstanden; jetzt, da seine Kraft erlahmt, kommt ihm jenes zu Hilfe, indem der festgeschlossene architektonische Rahmen den Beschauer über die zunehmende Lockerung der Komposition hinwegtäuscht.

So kann es denn auch trotz dieser Schwächen getrost ausgesprochen werden, dass die äginetischen Werke mit bewusster Absicht nach einem höheren Standpunkt ringen, als das athenische mit geringerem Aufwand von Erfindungskraft bereits erreicht hat. Dass vollends als Giebelgruppe die athenische weit hinter jenen zurücksteht, dass von der energischen Betonung der Giebelmitte, von der später so kunstvoll erzielten Wechselbeziehung zwischen Mitte und Flügeln hier nicht eine Spur, dort hingegen ein vielverheifsender Anfang zu bemerken ist, das sei hier nur kurz angedeutet [137]).

Wir schliefsen diese kurze Reihe figurenreicher Handlungsgruppen mit einem nicht nur in dieser Zeit, sondern überhaupt vereinzelt stehenden Werke, in welchem das schwierige Problem, eine grofse Zahl von Figuren zu einer einzigen Handlung zu verbinden, Dank der günstigen Aufgabe, zum ersten Male gelöst ist: mit der von den Achaiern aus unbekanntem Anlasse nach Olympia geweihten Gruppe der 9 achaiischen Helden, welche Nestor um den Zweikampf mit Hektor losen läst [138]).

Der Absicht der Weihenden nach unterscheidet sich dieses Werk nicht sehr von den Figurenreihen eines Aristomedon oder Pheidias: Verherrlichung der Stammesheroen durch die möglichst stattliche Reihe ihrer vereint aufgestellten Bilder ist das Thema auch hier. Aber durch den einzigen Kunstgriff, dass der Künstler, an einen aus dem Epos bekannten Vorgang anknüpfend, die gegebene Reihe teilte, die Teile einander gegenüber stellte, erhob er sich von der primitiven Gesellschaftsgruppe sofort zu der dem Prinzip nach höchsten Form der figurenreichen Handlungsgruppe. Freilich war diese Handlung selbst ziemlich winzig: die 9 Helden auf der einen Basis standen gewiss handlungslos nebeneinander; aber auch die Handlung des ihnen allein gegenüberstehenden Nestor mochte der Beschauer mehr erraten als wahrnehmen, da er den Helm mit den Losen vermutlich ruhig vor

137) Studniczka a. a. O. S. 197 setzt den athenischen Giebel ans Ende des 6. Jahrh. (vgl. Dörpfeld, Athen. Mitt. XI, S. 349 f.), etwa gleichzeitig mit den äginetischen. Das erstere scheint mir das Richtige zu treffen; die äginetischen Giebel sind mir auch diesem neugefundenen Werke gegenüber vor den 70er Olympiaden undenkbar (vgl. übrigens Friederichs-Wolters S. 49).

138) Paus. V 25, 8. SQ 425. Eine Vermutung über den Anlass der Weihung sei bei dieser Gelegenheit wenigstens ausgesprochen. Die Achaier blieben bekanntlich (Paus. VII 6, 3) dem Nationalkrieg gegen Xerxes fern, und ihr Name fehlte darum an dem olympischen und gewiss auch dem isthmischen Nationalweihgeschenk. Der Gedanke liegt nahe, dass die Achaier über diese selbstverschuldete Hintansetzung verstimmt, bei dem Landsmann des Künstlers jener Werke, bei Onatas, ein wenn nicht durch seine Gröfse, so doch durch den Gegenstand nicht minder imposantes Werk bestellten, das an den Kriegsruhm der alten Achaier erinnerte. Dann würde das Werk bald nach ol. 75 und, da die Bathra (AZ 1879, 44 Anm. 3 (Furtwängler)) unter den Bauschutt hinabreichen, vor ol. 80 aufgestellt worden sein. Wie Bötticher Olympia [2], S. 252 seinen terminus a quo gefunden hat, weifs ich nicht.

sich hinhielt. Die wirklich dargestellte verbindende Handlung war also nur die, dass Nestor die kampfgerüsteten Helden, jeder dieser 9 Helden aber den einen Nestor anblickte. Das technische Mittel, durch welches Onatas diese Einheitlichkeit der Handlung bequem erreichte, war die hier zuerst beglaubigter Weise auftretende, später auch zu andern Zwecken sehr oft verwendete Rundung des Bathrons[139]), welche es erlaubte, die Blickrichtungen der nebeneinanderstehenden Figuren nach einem Punkte konvergieren zu lassen, ohne dass die Figuren selbst ihre en-face-Stellung hätten aufgeben müssen. Doch damit die Nachwelt den in diesem Werke sich bekundenden Fortschritt nicht überschätze, hat der Künstler selbst die Abstammung seines Werkes von der nüchternen Figurenreihe überzeugend dargethan: er hat nicht, wie Levezow vermutete[140]), seine Figuren auf »eine gemeinsame Erhöhung« gestellt, sondern durch Trennung der Bathren den thatsächlichen Zusammenhang der Szene zerrissen; ein Verfahren, das etwa bei einer Reihe, einem Cyklus gleichartiger Figuren, z. B. einem Musenchor[141]), erlaubt gewesen wäre, hier aber gegen eine Forderung der Ästhetik verstiefs, deren Bedeutung der naive archaische Künstler noch nicht begriff.

Man kann nicht sagen, dass die archaische Kunst auf diesem Gebiete Grofses erreicht habe; dennoch wird diese Leistungen nicht gering schätzen, wer die Gröfse der Aufgabe ermisst und im Auge behält, wie schwer selbst die mündig gewordene Kunst mit ihren Schwierigkeiten zu ringen hatte.

---

139) S. die Situationspläne von Olympia Ausgrabungen V 31. 32; Funde 29. 30; Bötticher, Olympia Tfl. 19. 20 und vgl. AZ 1879, 44, 3; Ath. Mitt. II, S. 163 (Weil). In späterer Zeit ist das gerundete Bathron gern für Porträtstatuen angewendet worden, s. z. B. Ath. Mitt. I, S. 298 (Michaelis) und die 3 gerundeten Bathra im Nordosten des Zeustempels von Olympia. Das wirklich halbkreisförmige Bathron der Memnon-Achilleusgruppe des Lykios steht vereinzelt.

140) a. a. O. S. 25. Er dachte sich dabei aber Einzelbasen, weil es ihm auffiel, dass Odysseus ohne weiteres weggenommen werden konnte. Doch ist es kaum denkbar, dass der Künstler den durch das Bathron so schön hergestellten Zusammenhang durch Einzelplinthen unnötigerweise wieder zerrissen haben sollte; unnötigerweise, da Erzstatuen bekanntlich ohne Plinthe auf die steinerne Basis aufgesetzt zu werden pflegten.

141) Z. B. die vatikanischen Musen MPCl. I 17—28, die madrider Hübner, d. ant. Bw. in Madrid 48—56.

§ 5.

Die Gesellschaftsgruppe von beschränkter Figurenzahl.

Zur eigentlichen Reife gelangt die durch Aufnahme verbindender Handlung aus den oben (§ 2) besprochenen primitiven Gebilden entwickelte Gesellschaftsgruppe in der archaischen Kunst nicht. Aber es ist unverkennbar, dass in der Zeit des reifen Archaismus die alte Starrheit der primitiven Gesellschaftsgruppe zu weichen beginnt, und wie wir oben die an der alten Tradition festhaltenden Formen des Figurenvereins und der Figurenreihe bis an die Schwelle der Blütezeit begleiteten, so haben wir nun auch auf die leisen Veränderungen zu achten, welche mit dem Nahen dieser Zeit innerhalb der alten Formen sich vollziehen.

Ausgeschlossen bleiben hier die als Modifikationen der Einzelstatue zu betrachtenden eigentlichen Reiterstatuen, welche in der reifarchaischen Zeit von mehreren Künstlern gebildet werden [142]). Aber nicht alle Darstellungen von Menschen auf Tieren fallen unter den Begriff des Reiterstandbildes: Nereiden auf Seetieren, die Aphrodite auf dem Bock von Skopas, die Arsinoë auf dem Straufs, von der Pausanias zu erzählen weifs [143]), wird man nur unter den Gruppen und hier nur unter den Gesellschaftsgruppen unterbringen können. Derartige Werke, in denen die an sich ganz unerhebliche, wohl aber als verbindendes Moment bedeutsame Handlung das Tragen ist, die Hauptsache aber doch die Figuren von Mensch und Tier als solche bilden, sind auch der archaischen Kunst nicht ganz fremd. In bescheidenen Dimensionen hielt sich ein Bild des Arion auf dem Delphin auf dem Vorgebirge Tainaron [144]), das nach der Sage der Gerettete selbst geweiht haben sollte. Wichtiger aber ist uns ein in Tarent

---

142) Die Dioskurensöhne in Argos von Dipoinos und Skyllis (s. o. S. 10) dürften die ältesten bekannten Beispiele sein. Ob die athenischen (vgl. Anm. 27) hierher gehören, ist fraglich. In reifarchaische Zeit gehören die »Keletizonten« von Kanachos (Plin. 34, 75. SQ 406), Hegias (Plin. 34, 78. SQ 456) und Kalamis (Paus. VI 12, 1. SQ 524). Dazu kommen Reiterbilder aus der tarentinischen Gruppe des Onatas (o. S. 34 f.) und vielleicht der entsprechenden des Hagelaïdas (S. 33 f.), möglicherweise auch die Dioskuren des Hegias (Plin. 34, 78. SQ 456; vgl. Kuhnert Statue u. Ort S. 330, dessen Grund freilich ganz unzureichend ist). Ob die Dioskuren zu Ross am amykläischen Throne Rundbilder oder Reliefe waren, möchte ich nicht entscheiden.

143) IX 31, 1.

144) Herod. I 24. Paus. III 25, 7; vgl. Welcker, Kl. Schr. I, S. 91 ff.

aufgestelltes, berühmtes Erzwerk des Pythagoras, das die Europa auf dem Stiere darstellte [145]). Nur wissen wir leider über die Auffassung des Gegenstandes nichts [146]) und werden darum den Worten, mit denen Overbeck [147]) die etwas zu phantasievollen Vermutungen Jahns [148]) einschränkt, zustimmen müssen.

Entschiedener verdienen den Namen Gruppen die eine besondere Klasse von Kunstwerken bildenden Gespanne (meist Viergespanne), welche vom Beginn des 5. Jahrh. ab unter den Siegesweihgeschenken einen Ehrenplatz einnehmen [149]). Zwar sind auch sie wie die Reiterstatuen in gewissem Sinne Modifikationen der Einzelstatue, indem an Stelle der gewöhnlichen Basis wie dort ein Tier, hier ein von Tieren gezogener Wagen als Untersatz dient; aber einerseits bilden Wagenlenker und Gespann doch nicht in demselben Mafse, wie dort Reiter und Pferd eine festgeschlossene Masse, und anderseits treten die verbindenden Handlungen des Ziehens und Zügelns [150]) hier viel aufdringlicher vor das Auge, als dort das Zügeln und Tragen.

Wagenlenker und Gespanne sind ebenso wie Reiter in so früher Zeit schon Gegenstände der Nachbildung gewesen, dass wir uns nicht wundern, sie in kleinen Figürchen z. B. unter den ältesten Bronzen und Terrakotten von Olympia [151]) zu finden. In statuarischer Form und mit ausdrücklicher Beziehung auf einen Wagensieg finden wir ein

145) SQ 502—504. Was es mit dem von Urlichs, Archäol. Analekten (18. Progr. d. v. Wagner'schen K.-J.) S. 6 erwähnten Gegenstück: Taras auf dem Delphin auf sich hat, weifs ich nicht. Dachte U. nur an das bekannte tarentinische Münzbild, oder soll die Gruppe auch von Pythagoras sein? Oder hat der Delphin neben dem Phalantos aus der Gruppe des Onatas Verwirrung angerichtet?

146) Das merkwürdige Werk aus Gortys im Br. Mus. (abg. Jahn, Entführung d. Europa, Denkschr. d. Wiener Akademie, philol.-hist. Cl. XIX (1870), Tfl. 4a. Overbeck KM Atlas VII 22. Murray, Hist. of Gr. Sculpt. I p. 209, fig. 40) deutet zwar auf ein archaisches Vorbild; aber mit dem Kunstcharakter des Pythagoras und dem hohen Ruhme gerade seiner Europa stimmt es nicht.

147) KM II, S. 430, No. 12.

148) a. a. O. S. 10.

149) Vgl. im allgemeinen Kuhnert a. a. O. Anhang, S. 329 ff.

150) Sie werden in archaischen Werken dieser Art durchweg mafsvoll aufgetreten sein, zumal es sich in erster Linie um das Siegerstandbild handelte; welche Steigerung aber, welche Selbständigkeit und Wechselwirkung von Tier und Mensch hier möglich war, lehrt ein Vergleich der Gespanne des Parthenongiebels mit denen des olympischen.

151) Vgl. Anm. 9.

Gespann mit Lenker zum ersten Male[152]) am Ausgange des 6. Jahrh. unter den Werken des Hagelaïdas, ein Siegesdenkmal des Epidamniers Kleosthenes (siegt ol. 66)[153]). Es ist interessant, dass dieses bezeugtermafsen erste Werk dieser Art nicht eine, sondern zwei Figuren auf dem Wagen darstellte, den Sieger selbst und seinen Wagenlenker. Die Haltung des letzteren wird die charakteristische gewesen sein, wie in der kleinen Bronze Ausgrab. IV 21, 5.

In der Folge scheinen besonders die Tyrannen an dieser sicher imponierenden Form des Siegerdenkmals Gefallen gefunden zu haben. Für Gelon, der ol. 73 siegte, arbeitete Glaukias von Aigina[154]), für Hieron (3. Sieg ol. 78), im Auftrage seines Sohnes, Onatas einen Wagen[155]), von Kalamis nennt Plinius Zwei- und Viergespanne[156]).

Das letzte der olympischen Siegergespanne archaischer Zeit ist das des Kratisthenes von Kyrene; es war von Pythagoras' Hand und

152) Dies bezeugt ausdrücklich Paus. VI 10, 8. Er spricht hier von griechischen Rossezüchtern und stützt sich darauf, dass Euagoras einen Wagen ohne Bild, Miltiades überhaupt etwas anderes nach Olympia geweiht habe.' Miltiades wurde (Rutgers, Julii Africani ὀλυμπιαδ. ἀναγραφή p. 24, Anm. 2) ol. 62 an Stelle des Kimon als Sieger ausgerufen (Herod. VI 103). Des Euagoras 3 Siege fallen nach derselben Herodotstelle spätestens in ol. 59. 60. 61. Der Fall ist interessant, weil Pausanias hier von Herodot nichts weifs, den nominellen Sieger vielmehr vermutlich aus dem Olympionikenverzeichnis entnahm. Das Weihgeschenk des Miltiades, welches Kuhnert a. a. O. S. 336 Anm. 5 so rätselhaft findet, ist sicher das VI 19, 6 genannte elfenbeinerne Amaltheiahorn im Schatzhause der Sikyonier, obwohl hier ein ganz anderer Anlass der Weihung sich herausstellt. — Vielleicht war auch das Viergespann auf der athenischen Akropolis (Herod. V 77. Paus. I 28, 2), das nach einer neueren Entdeckung Kirchhoffs (Sb. d. Berl. Akad. 1887, IX S. 111—114, wodurch die früheren Vermutungen desselben Gelehrten (CIA I 334) hinfällig werden) sicher am Ende des 6. Jahrh. geweiht wurde, ohne Lenker; wenigstens wird er nicht besonders erwähnt.

153) Paus. VI 10, 6. SQ 390.

154) Paus. VI 9, 5. SQ 429. Inschrift Löwy 28.

155) Paus. VI 12, 1; cf. VIII 42, 8. SQ 524. Dass der Mann eben den Wagen besteige (Feuerbach, Nachgel. Werke II, S. 174), ist natürlich ein Irrtum.

156) Plin. 34, 71. SQ 526. Was es mit dem Viergespann des letzteren Meisters auf sich hatte, dem Praxiteles einen Lenker hinzufügte, soll hier nicht erörtert werden; dass das Geschichtchen nicht zur Beurteilung der Kunst des Kalamis verwendet werden kann, ist anerkannt. Benndorfs Vermutung (Festschr. d. Univ. Wien z. Jubil. d. arch. Inst. S. 46, Anm.), dass dieses Viergespann auf der athenischen Akropolis gestanden habe und mit dem inschriftlich bezeugten Weihgeschenk für die Besiegung der Euboier identisch sei, ist jetzt (vgl. Anm. 152) noch problematischer als bisher.

stellte den Sieger und mit ihm Nike auf dem Wagen dar[157]), letztere gewiss als Lenkerin. Urlichs[158]) setzt den Sieg des Kyrenäers in ol. 79 und bestimmt danach das Werk als das späteste uns bekannte des berühmten Meisters; der Abstand von 13 oll. zwischen den im wesentlichen gleich komponierten Gespanngruppen des Hagelaïdas und des Pythagoras würde diese beiden Werke besonders lehrreich machen, wenn uns die Komposition im einzelnen bekannt wäre.

Unter den Weihgeschenken dieser Zeit begegnen uns ferner zum ersten Male Rosselenker. In Olympia standen zwei solche, von dem im Dienste des Gelon und Hieron reich gewordenen Mainalier Phormis geweiht, unfern der Nordthür der Altis an der Südseite des Pelopions[159]). Da jeder der beiden Künstler, der von Smikythos' Weihgeschenken her bekannte Argiver Dionysios und der Äginet Simon, ein Pferd und einen Lenker arbeitete und Pausanias mit Betonung von ἡνίοχοι redet, so ist mit ziemlicher Sicherheit anzunehmen, dass jeder Lenker wirklich als solcher, d. h. das Pferd am Zügel haltend dargestellt war. Auf lebhafte Handlung, die in der späteren Kunst für dieses Thema beliebt war — man denke an die Kolosse von Monte Cavallo — lässt der Ausdruck des Schriftstellers nicht schliefsen, wohl aber auf eine Gesellschaftsgruppe: Mann und Ross sind einerseits selbständig genug, um jedes für sich das Interesse des Beschauers zu fesseln; anderseits sind sie nicht, wie in der primitiven Form, völlig isoliert nebeneinandergestellt, sondern durch die scheinbar so geringfügige verbindende Handlung zu einem Ganzen geworden[160]).

Damit ist auch schon erschöpft, was wir über derartige Werke in der archaischen Kunst wissen, und es bleiben nur noch zwei, aber um so berühmtere Beispiele der gereiften — oder, vorsichtiger gesprochen: nahezu gereiften — Gesellschaftsgruppe: die Gruppen der Tyrannenmörder von Antenor und Kritios und Nesiotes[161]). Zu ihrer Würdigung in unserem Zusammenhang bedarf es freilich einer ausführlicheren Betrachtung als wir im allgemeinen auf einzelne Werke verwenden konnten; gerade ihre Gruppierung näm-

---

157) Paus. VI 18, 1. SQ 497.

158) Archäol. Analekten S. 5.

159) Paus. V 27, 2. SQ 402.

160) Vielleicht gehört in unsere Zeit (s. Anm. 112) auch ein delphisches Weihgeschenk der Knidier (Paus. X 11, 1), welches ihren οἰκίστης Triopas neben einem Pferde stehend darstellte.

161) Die Zeugnisse s. SQ 443 (mit a. b. S. 468) —447. 457. 458.

lich ist es, welche den Gegenstand einer noch schwebenden Streitfrage bildet.

Seit Friederichs' glücklicher Entdeckung[162]) hat sich ziemlich allgemein die Ansicht gebildet, dass die Neapler Statuen dem Werke des Kritios und Nesiotes nachgebildet seien[163]); wenigstens hat sich mit Sicherheit eine Spur des älteren Werkes nicht nachweisen lassen[164]), was die geläufige Annahme, dass die jüngeren Meister im wesentlichen die von Xerxes entführte ältere Gruppe nachbildeten, zu unterstützen geeignet ist[165]). Auch wir gehen von der Voraussetzung aus, dass die erhaltenen Nachbildungen zur Unterscheidung der beiden Originalwerke nicht ausreichen; wir beziehen daher diese Darstellungen auf die jüngere Gruppe, auf deren Zeit nach unserer Meinung der Stil der Neapler Figuren hinweist, und verzichten darauf, zu ermitteln, ob das ältere Werk in Bezug auf die Gruppierung schon ebenso vollkommen war wie jenes.

Die Hilfsmittel zur Rekonstruktion der Gruppe[166]) sind von un-

---

162) AZ 1859, 65 ff. Tfl. 127, 1. 2. Widersprochen hat Curtius Hermes XV (1881), S. 147 ff.; seine eigenen Vermutungen sind von Petersen ebd. S. 475 ff. treffend widerlegt worden, unter Zustimmung von Urlichs, Beiträge z. Kunstgesch. S. 100 f.

163) Benndorfs Versuch (AdJ 1867, p. 304—325), die Statuen im Giard. Boboli in Florenz als Kopien des jüngeren, die Neapeler Statuen als Kopien des älteren Werkes hinzustellen (s. bes. p. 323), würde mir wegen des Stiles der letzteren als verfehlt erscheinen, auch wenn die antike Echtheit und Bedeutung der florentiner Statuen gegen Dütschkes (AZ 1874, 163. Ant. Bw. i. Ob.-It. II 77) Einwände sich sollten rechtfertigen (vgl. darüber Petersen, a.-e. M. a. Ö. III, S. 79) lassen.

164) Den meisten Anspruch darauf scheint das unten als d bezeichnete Münzbild zu haben.

165) Benndorf a. a. O. p. 321 bemerkt, dass die heroische Verehrung, die man den Tyrannenmördern zollte, ihre Statuen zu Kultbildern gemacht habe, was die jüngeren Künstler gezwungen hätte, das alte Schema beizubehalten. Dieser Begründung fehlt nur leider der Beweis, dass die heroische Verehrung so frühen Datums sei. Eine Empfehlung der geläufigen Annahme bieten jetzt die heftig bewegten Gruppen des wahrscheinlich aus dem Ende des 6. Jahrh. stammenden Giebels von der Akropolis; s. Ath. Mitt. XI, Beilage zu S. 186.

166) Die allmählich angewachsene Reihe der Nachbildungen ist jetzt folgende:
Rundbilder: A. Marmorstatuen des Neapler Museums. Mus. Borb. VIII 7. 8. MdJ VIII 46, 3. 4. Wiener Vorlegebl. Ser. VII 7, 1. 2 u. ö.
(B. Marmorstatuen in Florenz. Dütschke, Ant. Bw. in Ob.-It. II 77. Abgeb. MdJ VIII 46, 5. 6. Vorl.-Bl. VII 7, 7. 8. — Die Terrakottafigur Fröhner, coll. Hoffmann No. 48, pl. VIII hat mit dem Harmodiostypus kaum noch etwas zu thun).

gleichem Werte. Als offizielle Monumente dürfen a b c c* d α gelten; aber so wenig wir in diese ein unbegrenztes Vertrauen setzen dürfen, so wenig sind Winke zu übersehen, die uns etwa von den übrigen Monumenten gegeben werden. Was folgt nun aus dieser Monumentenreihe für die Komposition unserer Gruppe?

Dass in dieser Gruppe, die als solche aus Relief a und Münzbild b Stackelbergs scharfer Blick erkannt hatte, Harmodios einhauend, Aristogeiton ihm sekundierend nebeneinander vorstürmten, führte Friederichs a. a. O. S. 68 aus, der auch zuerst bestimmt den in a voranschreitenden Helden als bärtig erkannte und danach die Neapler Statuen benennen konnte. Als Prinzip der Gruppierung bezeichnete er den Gegensatz, der in Stellung und Handlung durchweg herrsche, und hob (S. 69) hervor, dass bei einfacher Wiederholung der Motive die Gruppe auseinander fallen würde.

Aber damit war noch wenig gethan zur Feststellung der Kom-

Reliefe: a. Relief eines marmornen Thronsessels aus Athen. Abg. (mangelhaft) Stackelberg, Gräber d. Hellenen S. 33, jetzt in Lichtdruck nach Papierabklatsch JHS V (1884), pl. XLVIII, wozu p. 146 ff. (Michaelis) auch die übrigen älteren Publikationen verzeichnet sind. Das Relief versucht, wie erst die neuen Abbildungen erkennen lassen, den alten Stil der Originale wiederzugeben (vgl. Michaelis a. a. O. p. 147). Der Aristogeiton hat einen Nackenschopf, vielleicht den Conze'schen »Krobylos«.

b. Beizeichen auf attischer Tetradrachme. Abg. Stackelberg a. a. O. Beulé, Monn. d'Ath. p. 335, wonach MdJ VIII 46, 1 und Vorl.-Bl. VII 7, 5 A. B. Overbeck, Plastik ^{3} I Fig. 15a. Unerheblich ist die Münze von Kyzikos Gardener, Types of Gr. coins X 4.

c. Attische Bleimarke. Abg. AZ 1870, Tfl. 24, 1. Vorl.-Bl. VII 7, 6.

c*. Desgl. Abweichender Typus.
abg.: 1. Zsch. f. d. öst. Gymn. 1875, S. 618, 48.
2. a.-e. M. a. Ö. III, Tfl. 6, 2.

d. Beizeichen auf attischer Tetradrachme, Harmodios allein und e. f. darstellend; abg. Zsch. f. Num. 1885, S. 103 (Köhler). Dass der Stempelschneider den r. Fufs als vorgesetzt andeuten wollte, scheint mir unverkennbar. Die auffallende Haltung des l. Armes und der Scheide ist aufser durch die e. f.-Stellung noch durch Raummangel begründet.

Vasenbilder: α. Schildzeichen auf panathenäischer Preisamphora; abg. AZ 1870, Tfl. 24, 2 (ganz schlecht); MdJ X 48d, wozu AdJ 1877, p. 330 (de Witte).

(β. Vase der Samml. Scaramanga in Wien; abg. a.-e. M. a. Ö. III, Tfl. 6, 1.

γ. r. f. »Stamnos« in Würzburg; abg. AZ 1883, Tfl. 12; S. 219 ff. (Böhlau).)

position, zu der auch die von Friederichs gegebene Abbildung nicht genügte. Später sind bei genauerem Eingehen auf diese Frage alle drei Möglichkeiten verteidigt worden: dass Harmodios voranstehe, dass beide in gleicher Linie vorrücken, dass Aristogeiton die erste Stelle einnehme; wobei nicht immer beachtet worden ist, dass auch mit Lösung dieser Zweifel noch nicht alles gethan ist.

Friederichs[167]) nämlich sprach sich später dahin aus, dass Aristogeiton »ein wenig« zurückstehe. Soll dieses wenig nicht mehr sein, als es auch Overbeck (s. u.) annahm, so lässt sich dagegen nichts einwenden; meinte er aber einen stärker ins Auge fallenden Abstand — und so scheint es Petersen (s. u.) aufzufassen —, so würde dadurch sein eigener Grundgedanke geschädigt; denn da es sich um den Moment der That selbst handelt, so ist es nicht denkbar, dass Aristogeiton zur Abwehr eines künftigen Angriffes in Reserve stehe, sondern er muss seinem Freunde in dem Augenblicke Deckung bieten, wo dieser durch das Ausholen zum Streiche sich die gröfste Blöfse giebt. Auch wäre für die Vorderansicht, deren Geltung als Hauptansicht zu bestreiten bei zwei Ehrenstandbildern nicht der geringste Grund vorliegt, dieses Zurückschieben der einen Figur je stärker desto ungünstiger.

Einen wesentlichen Fortschritt scheint mir deshalb die von Overbeck[168]) vertretene Ansicht zu bedeuten. Er ging wie Friederichs von dem Prinzip des Gegensatzes aus und behauptete, dass die auf Nebeneinanderstellung unzweifelhaft berechneten Statuen nur in einer Stellung denkbar seien: die vorgesetzten Füfse müssten parallel und somit dichter nebeneinander stehen als die zurückgesetzten; so werde es deutlich, dass Aristogeiton mit vorgehaltener Chlamys seinen Genossen decke, und keilförmig drängten die beiden Freunde auf einen Punkt hin. Dass Harmodios dabei ein wenig voraus sei, darf man allerdings nicht, wie Overbeck a. a. O. S. 41 meint, aus a folgern (s. u.); aber es ist sachlich nicht unwahrscheinlich. Nachdem sodann Overbeck seine Zeichnung noch verbessert in seine Geschichte der griechischen Plastik[169]) aufgenommen hatte, ruhte die Frage[170]), bis

167) Bausteine I, S. 32.

168) Verhandlungen d. Philologenvers. zu Kiel 1869, S. 37 ff.

169) 3. Aufl. Fig. 18, wozu S. 120 ff.

170) Mit einer Ausnahme. Schwabe nämlich (observationes archaeolog. I, p. 9 ff.) schloss aus dem damals noch ungenügend bekannten Schildzeichen α, dass die Freunde sich die Vorderseite zukehrten. Nach Veröffentlichung des Bildes (AZ 1870) hat er (observationes archaeol. II, p. 1) seine Vermutungen zurückgezogen.

Petersen[171]) eine ganz neue Komposition der Gruppe vorschlug, ohne zu bemerken, dass durch jene von ihm ausdrücklich citierten Ausführungen Overbecks die seinigen zum grofsen Teil im voraus widerlegt wurden.

Petersen empfiehlt gegenüber der von Overbeck vertretenen »Keilstellung« eine parallele Aufstellung der beiden Streiter, mit beträchtlicher Voranstellung des einen. Er hebt mit Recht hervor, dass »die Voranstellung des einen oder anderen je nur bei einerlei Aufnahme der Gruppe sich finde«, dass nämlich »bei der Aufnahme von der rechten Seite der Gruppe Aristogeiton, bei Aufnahme von der linken Seite her Harmodios voranstehe«, und erklärt dies ebenso richtig aus dem »Gebrauch zeichnender Darstellung, wonach die tiefer im Grunde befindlichen Teile sich vorschieben, um sichtbar zu werden«. Statt aber die naheliegende Folgerung zu ziehen, dass die Figuren der Gruppe in den Seitenansichten sich deckten, d. h. dass die Freunde ungefähr in gleicher Höhe vorrückten, verlangt er Voranstellung des Aristogeiton.

Prüfen wir diese zunächst an jenem von P. selbst aufgestellten sicherlich richtigen Grundsatze. Standen die Figuren so wie sie P. S. 81 abbildet, so war bei Aufnahme von der Harmodiosseite eine Verschiebung gar nicht nötig, sicherlich aber bleibt dann unerklärt, warum auf c der Abstand sogar geringer ist. Aber auch von der Aristogeitonseite gesehen, deckten sich dann die Figuren nicht, ein Zwang zur Verschiebung lag also gar nicht vor, und doch sollte der Verfertiger eines Reliefs bester Kunstzeit wie a einer hier überflüssigen künstlerischen Gewohnheit zu Liebe den Harmodios aus seiner nach Petersen (S. 84) so charakteristischen Stellung nicht etwa um ein Geringes, sondern um einen ganzen weiten Schritt vorschieben, mit andern Worten: den Nachtrab zur Vorhut machen? Gerade jener von P. beobachtete charakteristische Zug der Nachbildungen erklärt sich also sehr einfach bei der Overbeck'schen, nicht bei der Petersen'schen Anordnung.

Doch folgen wir weiter der langen Reihe von Gründen, die P. gegen die von uns verteidigte Gruppierung anführt.

Zunächst vermisse ich den Beweis für die Behauptung (p. 82), dass »jede der beiden Figuren für sich reliefartig, d. h. für Seitenansicht berechnet sei und zwar von beiden Seiten her gesehen zu werden«. Das Reliefartige erklärt sich völlig aus der Situation: so

---

171) A.-e. M. a. Ö. III, S. 76 ff.

steht der Fechter, um dem Gegner möglichst wenig Angriffsfläche zu bieten. Warum aber gar beide Seiten sichtbar sein sollten, sehe ich nicht ein; dass man die Neapler Statuen ohne Schaden für ihren Ruhm von beiden Seiten sehen kann, fällt doch nicht ins Gewicht.

Aber »die Frontansicht ist auch bei Overbecks Keilstellung wenig befriedigend und erfüllt die von ihm S. 42 gestellte Forderung ungleich weniger als jede der beiden Seitenansichten«. Es ist wahr: die Eile der Vordringenden wird in der Seitenansicht deutlicher; von vorn erscheint die Bewegung nicht heftig genug. Nur darf man nicht nach der Umrisszeichnung urteilen; im Gipsabguss bei guter Beleuchtung gewinnen diese Gestalten eine ganz andere Energie der Bewegung. Sind aber solche Einwände überhaupt zulässig? Die ästhetische Wirkung soll ja erst ermittelt werden; was berechtigt uns, dem archaischen Künstler unseren ausgebildeten ästhetischen Kanon aufzuzwingen? Hier müssen materielle und allenfalls die elementarsten ästhetischen Rücksichten entscheiden.

Nun aber »würden die Freunde bei der Keilstellung zwar ein Ziel haben, aber nicht von einem Ausgange herstürmend erscheinen« (S. 82). Diesem Einwand gegenüber gilt es noch einmal den Augenblick der Handlung festzustellen. Eilen die Freunde zum Thatort oder sind sie dort? Sicher das letztere, wie Petersen selbst später an anderer Stelle [172]) betont hat. Dann aber kommt auf das Ziel alles, auf den Ausgangspunkt nichts an; es ist ganz gleichgiltig, ob sie vorher parallel gingen und erst im entscheidenden Augenblicke sich aneinander drängten, oder ob sie den ganzen Weg in demselben ungleichen Schritt marschierten. Rückt man aber, mit Petersen, die zurückstehenden Füfse näher aneinander, so erreicht man das bei weitem schlimmere Ergebnis, dass sie zwar von einem Punkte her, nicht aber auf ein Ziel hin eilen [173]).

Auch die Aufstellung der Gruppen, für die sich P. mit Unrecht auf Köhler beruft, kann durchaus nichts beweisen [174]). Denn so

172) Hermes XV, S. 475.

173) Den letzteren Grund entnehme ich einer mündlichen Äufserung Overbecks.

174) Über diesen vielumstrittenen Punkt hier nur das Notwendigste. Köhler (Hermes VI, S. 94) suchte die Orchestra in der an der Nordwestecke des Areshügels vorspringenden C-förmigen Terrasse; Petersen beruft sich also ganz mit Unrecht auf ihn. Aber die Voraussetzung Köhlers, dass diese Orchestra ihren Namen von der Halbkreisform erhalten habe, wird durch die Löschckes (Dorpater Progr. 1883, S. 5), dass gerade die Verwendung des Platzes zu Tänzen und nicht seine

schön auch diese später von K. Lange ohne Beweis angenommene Aufstellung in der Einsattelung zwischen Areopag und Akropolis zu den neueren Vermutungen über den Weg der panathenäischen Prozession[175]) stimmen mag, so muss man sich doch hüten, die Wahl der einen oder anderen Ansicht aus der Gunst oder Ungunst jener Aufstellung erklären zu wollen. Die zeichnende Darstellung zieht natürlich die Seitenansicht der Vorderansicht vor, und die Harmodiosseite zu bevorzugen veranlasste die gröfsere Bedeutung dieses Helden. In den Originalen aber war die Vorderansicht, wenn sie überhaupt möglich war — und die Unmöglichkeit dieser Ansicht würde ganz besondere Bodengestaltungen voraussetzen —, die Hauptansicht; die nächstwichtige war die von der Seite des Protagonisten; die ungünstigste und daher nur unter äufserem Zwang (beim Sessel) oder unter dem einer stärkeren Konvention (rechtsläufige Bewegung auf β) gewählte war die von Aristogeitons Seite, denn hier steht der eigentlich Handelnde tiefer im Grunde, und selbst Petersens hypothetische Anordnung kann diese Ansicht nicht verbessern[176]).

Form den Anlass zu der Benennung gegeben habe, mindestens aufgewogen, und die von Löschcke aus der Andokidesstelle gezogenen Folgerungen, die auch Lange, Haus und Halle S. 65 annimmt, sind so einleuchtend, dass ich — im Gegensatz zu Wecklein, Sb. d. bayr. Ak. 1887, S. 94, dessen positiven Vorschlag ich ebensowenig anzuerkennen vermag — auch nach Dörpfelds Entdeckung der älteren, gröfseren, kreisrunden Orchestra (vgl. A. Müller, Griech. Bühnenaltertümer, S. 416, sowie U. v. Wilamowitz, Hermes XXI (1886), S. 597), die weder Löschckes Ansicht über den Tanzplatz der Hermokopiden umstofsen noch die Existenz einer anderen solchen Orchestra am Markte beweisen kann, in der That glaube, dass mit dem Ausdruck ὀρχήστρα die Südhälfte des Marktes gemeint sei. Die Statuen bis in die Einsattelung zwischen Areopag und Akropolis hinauszurücken, wie Lange a. a. O. S. 62 will (auch in Kauperts neuester Rekonstruktion der Agora (Berl. philol. Wchschr. 1887, zu 571 f. ist dieser Platz beibehalten), zwingt die Stelle des Arrian (Anab. III 16, 7) durchaus nicht; dieses ἐν Κεραμεικῷ . . . ᾗ ἄνιμεν ἐς πόλιν kann sehr wohl die ganze Südseite des Marktes bezeichnen, der auch Pausanias nicht widerspricht. Entscheidend aber scheint mir für diesen Platz die Aristophanesstelle Ekklesiaz. 681 ff.: neben den Harmodios, auf den Markt will Praxagora die Urne mit den Losen stellen lassen, nach deren Entscheidung die Männer in den benachbarten Hallen gespeist werden sollen. Beide Gruppen standen also an der Südseite der Agora und blickten nach Norden, zum Leokorion, wo die Befreiungsthat vollbracht worden war.

175) Wachsmuth, Stadt Athen, S. 301. Lange a. a. O. S. 65 ff.

176) Auf den Bleimarken des Typus c* sind die Abweichungen überhaupt gröfser: Aristogeiton fällt mit dem r. Bein aus; er hat die Chlamys über dem r. Arm (c* 2) oder ist ohne sie (c* 1). Harmodios' r. Bein schiebt sich hinter das l. des

Wie steht es also mit den 3 Möglichkeiten der Aufstellung und ihrer vergleichenden Wertschätzung durch Petersen (S. 83)? Urteilen wir einmal wie er danach, was besser aussieht, so vermissen wir zunächst alles, was seine eigene Aufstellung (3. Aristogeiton vor) empfehlen könnte. Wie schlecht sich hier die Aristogeitonseite ausnimmt, wurde schon erwähnt; aber auch dass von der anderen Seite aus der minder kräftig Handelnde weit vorgeschoben sich vom Rücken her zeigt, ist höchst seltsam. Besser ist 2. die Voranstellung des Harmodios. Von dessen Seite gesehen würde die Gruppe bei den von Petersen angenommenen gleichen Schenkelabständen ganz leidlich wirken; der Harmodios würde durchaus nicht nur die Hand des Aristogeiton wegschneiden, sondern der ganze Unterarm mit der Chlamys würde sichtbar bleiben. Schlecht würde allerdings die andere Ansicht sein; aber die einzige Nachbildung von dieser Seite (a) beweist nicht nur gegen 2, sondern positiv für 1, die von Petersen angefochtene Stellung. Nur bei dieser konnten in der Seitenansicht die beiden Köpfe so dicht nebeneinander rücken und zum Teil sich decken, dass der Verfertiger des Reliefs in Verlegenheit kommen konnte, wie er den Kopf des Harmodios sichtbar machen sollte. Und wie half er sich? Er begnügte sich nicht mit der leisen Verschiebung der Körper; er liefs den Harmodios (gegen A) sich stärker vorbeugen als den Aristogeiton (wodurch er auch noch kleiner wurde als in A und b), so dass der Kopf vor den schlagenden Arm kommen konnte. Das bedeutet aber nicht weniger als eine völlige Veränderung der Komposition, die vollkommen überflüssig gewesen wäre, wenn der Abstand der Füfse im Original so grofs gewesen wäre wie Petersen meint.

Die Gruppe bot also in der That die schlechtesten nur denkbaren Seitenansichten: die Figuren deckten einander. Und was zwingt uns, von dem naiven archaischen Künstler, dem die Vorderansicht die einzige wichtige war, mehr zu verlangen? Vermutlich hätte auch Petersen seine Einwendungen nicht erhoben, wenn er diese von ihm beharrlich vernachlässigte Vorderansicht wenigstens als gleichberechtigt mit seinen Seitenansichten anerkannt hätte. Er würde dann die Ent-

Aristogeiton, so dass die Vorderseite des Harmodios sich dem Rücken des Aristogeiton zukehrt. Dieser Harmodios ist also keineswegs das Spiegelbild (Petersen S. 82 Anm.), sondern eine im wesentlichen genaue Wiederholung der gewöhnlichen Darstellung. Um so mehr fällt es ins Gewicht, dass c, ein Monument gleicher Art, aber sorgfältigerer Ausführung, die gewöhnliche Anordnung giebt und das Zeugnis von c* entwertet.

deckung gemacht haben, dass — von dem leidigen Zurückstehen der einen Figur ganz zu schweigen — die Figuren seiner Gruppe nach rechts und links auseinander klafften, aus dem einfachen Grunde: die Standfläche jeder einzelnen Figur wird, von vorn gesehen, desto schmäler, je mehr man die zurückgesetzten Füfse einander nähert, und da die Oberkörper sich nicht in demselben Mafse verkürzen, so müssen die Figuren, je mehr sich die Standlinien beider der Parallelen nähern, desto mehr nach aufsen überhängen. Dieses Argument aber, das keine hohen ästhetischen Ansprüche voraussetzt, hätte Petersen schon in Overbecks Kieler Vortrag p. 41 oben in aller Kürze, aber ganz ausdrücklich ausgesprochen finden können [177]).

Ich halte nach all' dem die von Petersen vorgeschlagene Komposition für unmöglich, die von Overbeck gegebene für völlig ausreichend — und zwar nicht einseitig ästhetisch — begründet.

Nur in einem Punkte bedarf die Overbeck'sche Zeichnung der Berichtigung, nachdem eine scheinbare Abweichung des Reliefs a von den übrigen Darstellungen durch Wiederauffindung des Thrones der Prüfung zugänglich geworden ist. Es hat sich jetzt herausgestellt, dass Arm und Schwert des Harmodios so, wie sie in Stackelbergs Zeichnung erscheinen, erst durch Ergänzung geworden sind, und da eine viel stärkere Beugung des zuschlagenden Armes nach den übrigen Darstellungen (übertrieben in *α*) zu erwarten, die steilere Haltung des Oberarms durch die erhaltenen Reste in A und a gesichert, anderseits in a eine Fortsetzung des Schwertes hinter dem Kopfe des Aristogeiton nicht mit Sicherheit zu erkennen ist, so war dieses Schwert, wie auch Michaelis a. a. O. p. 147 bemerkt, wahrscheinlich auch nicht

177) Über P.'s innere Gründe nur wenige Worte. Auch hier (S. 84) scheint P. das Hineilen zum Thatort und die That selbst zu verwechseln. Ist der Augenblick der letzteren gemeint, wie das Ausholen zum Streiche beweist, so muss doch der Angreifer dem Feinde mindestens ebenso nahe sein wie der gegen diesen unmittelbar nicht Handelnde, und wenn sich Harmodios' Oberkörper dabei zurückwirft, also für einen Augenblick vom Feinde sich entfernt, so müssen seine Füfse, soll der Abstand nicht widersinnig grofs werden, jenem um so näher sein. — Ferner meint P., »das entschlossene, sichere und gedeckte Vordringen« charakterisiere den erfahrenen Mann, das »leidenschaftliche, eigener Sicherheit vergessende Ungestüm den Jüngling«. Und demnach sollte der gedeckt Vordringende voranstürmen, der leidenschaftlich Ungestüme im Hintertreffen bleiben? Das Bedenklichste aber ist die Auslegung der Thukydidesstelle VI 56, 2: es ist natürlich nicht *πολλῷ δὴ μᾶλλον* .... *ὁ Ἀριστογείτων τοῦ Ἁρμοδίου παρωξύνετο*, sondern *πολλῷ δὴ μᾶλλον* .. *ἢ πρότερον παρωξύνετο* zu denken.

länger, als das des Aristogeiton, und die Hand des Harmodios stand nur wenig höher als die Köpfe der Figuren. Wir nähern uns also in diesem einen Punkte den Anschauungen Petersens. Dass die Seitenansicht der Gruppe dadurch gewinnt, ist klar; aber auch die Vorderansicht verlangt nicht einen so hohen Gipfelpunkt, wie Overbeck[178]) annahm, während nun im Gegenteil der Raum zwischen den beiden Köpfen durch den Arm und das schräg nach hinten herablaufende Schwert bequem gefüllt wird. Dass diese in Bezug auf die Linienführung mafsvollere, dem Sinne nach mindestens ebenso energische Fassung zum Stil der Figuren besser passt, als der allzu pathetische Schwung des hochragenden Armes in Overbecks Gruppe, kann diese kleine Änderung der Komposition nur empfehlen.

Was folgt für unser Thema?

Wir haben eine Gruppe vor uns, die als Verbindung zweier Ehrenstandbilder ohne Zweifel aus der primitiven Gesellschaftsgruppe herausgewachsen ist. Dass die Figuren handeln, würde allein nicht genügen, sie aus diesem Kreise herauszureifsen; fanden wir doch solche nach aufsen gerichtete Handlung auch bei den betenden Knaben des Kalamis. Was sie aber auf eine höhere Stufe hebt, ist die verbindende Handlung. Die Haltung des Aristogeiton ist ganz im allgemeinen die eines gedeckt Vorrückenden; aber der Hinweis auf die unzähligen Wiederholungen solcher Figuren kann nicht die Behauptung begründen, dass dieser Aristogeiton sich und nur sich decken müsse. Denn darüber entscheidet nur die Art der Aufstellung, und da wir diese, gestützt auf möglichst materielle Gründe, im wesentlichen als die haben kennen lernen, welche Overbeck Plastik I, Fig. 18 gegeben hat, so lehrt der Augenschein, dass Aristogeiton hier jedenfalls wie sich selber auch seinen Freund deckt, und dieser Eindruck würde bestehen, selbst wenn der Künstler ihn nicht beabsichtigt, ihn nur unbewusst in seine Figuren hineingetragen hätte.

Und selbst in diesem mir wenig wahrscheinlichen Falle hätten wir, da der unbewusste Fortschritt stets die Vorstufe des bewussten ist, ein frühes Beispiel einer durch Handlung verbundenen Gesellschaftsgruppe; nicht der vollkommensten Art allerdings, da die Handlung nur einseitig, nicht wechselseitig ist, besonders aber insofern, als nicht nur der Harmodios, sondern auch der Aristogeiton als Einzelfigur bestehen könnte.

---

178) Plastik ^{3} I, S. 121.

Es zeigt sich somit, dass diese Art der Gruppe am Ausgange der archaischen Periode erst im Keime vorhanden ist und dass der ersten Blütezeit die Aufgabe zufiel, ihr ein gröſseres Gebiet zu erschlieſsen und sie mit Bewusstsein zu vervollkommnen.

§ 6.

Die Handlungsgruppe von beschränkter Figurenzahl.

Es ist nach dem uns vorliegenden Material nicht festzustellen, ob schon die ältere archaische Zeit neben den oben (§ 3) besprochenen figurenreichen Werken auch solche von 2 Figuren darzustellen pflegte; aber es ist unverkennbar, dass mit dem Beginne des neuen Jahrhunderts die Zahl dieser minder umfangreichen Gruppen sich bedeutend vermehrt, während jene primitiven Formen absterben oder nur in neu sich ausbildenden in gewissem Sinne weiterleben (§ 4).

Als sicher hochaltertümlich kann nur ein Werk dieser in Zukunft fruchtbarsten Gattung gelten. In Megara befand sich auf der Agora das Grab des Argivers Koroibos, welches Pausanias[179]), nachdem er die Geschichte des Helden berichtet hat, mit den Worten beschreibt: *γέγραπται δε ἐλεγεῖα τὰ ἐς Ψαμάθην καὶ τὰ ἐς αὐτὸν ἔχοντα Κόροιβον, καὶ δὴ καὶ ἐπίθημά ἐστι τῷ τάφῳ Κόροιβος φονεύων τὴν Ποινήν. ταῦτα ἀγάλματα παλαιότατα ὁπόσα λίθου πεποιημένα ἐστὶν Ἕλλησιν ἰδὼν οἶδα.* Da *ἄγαλμα* bei Pausanias, wenn er nicht besondere Bestimmungen[180]) hinzufügt, Rundbild heiſst und der Sprachgebrauch von *ἐπίθημα* dazu völlig stimmt[181]), so ist uns hiermit eine uralte statuarische Handlungsgruppe von 2 Figuren bezeugt. Wie aber, wenn Pausanias hier wieder einmal log und zwar besonders unverschämt log? In der That behauptet dies auf Grund eines Epi-

179) I 43, 8.

180) *ἐκτετύπωται* VIII 48, 4. *ἐπείργασται* III 19, 3. Fränkel, de verbis potioribus, quibus opera statuaria Graeci notabant p. 19, der diese Stellen und auſserdem die Baurechnung vom Erechtheion citiert, hat auf diesen wichtigen Umstand nicht genügend aufmerksam gemacht. *ἄγαλμα* heiſst in solchen Fällen »Relieffigur«, nie aber »Relief«.

181) Schaarschmidt, de *ἐπὶ* praep. ap. Paus. p. 25. Die Stelle Paus. II 2, 4 (Löwin mit Widder in den Klauen als *ἐπίθημα* des Grabes der Laïs) ist überdies durch monumentale Überlieferung gestützt (Münzbilder zusammengestellt JHS 1885, pl. E LXXIII—LXXVI, wozu p. 19, No. 14 (Imhoof-Gardner).

gramms der Anthologie[182]) Kuhnert[183]) und setzt für die Gruppe eine Statue ein, »eine *Κὴρ τυμβοῦχος*; also eine Flügelfigur, eine Harpyie!« Ich gebe ihm die Flügelfigur zu, muss aber für verschiedene Beschauer das Recht fordern, diese Figur verschieden zu benennen. Soweit also stimmen die beiden Quellen überein. Aber ich behaupte ferner, dass das Epigramm die Annahme blofs einer Figur nur erlaubt, nicht fordert. Kuhnert fasst das *τυμβοῦχος* offenbar streng räumlich, wie es auch die lateinische Übersetzung a. a. O. thut (insidens tumulo), aber warum soll es nicht allgemein die Herrscherin der Gräber, des Todes bedeuten? Und wie erklärt sich ungezwungen V. 3 mit dem für den Leser völlig überraschend eintretenden *ὁ δὲ κτείνας με*, wenn nicht die Tötung oder zum mindestens die Ker tot dargestellt war? Oder sollte es dem Dichter eines wirklichen Epigramms, dem der Augenschein beim Lesen zu Hilfe kam, verboten sein, von zwei verbundenen Figuren nur eine sprechen zu lassen? Grund genug, schon das Epigramm für sich vorsichtiger zu deuten, als es Kuhnert gethan hat. Wenn aber vollends einem nicht ganz klaren poetischen Berichte zu Liebe eine in sich glaubhafte, mit Bestimmtheit auftretende periegetische Notiz als Lüge gebrandmarkt werden soll, so scheint mir dies Verfahren selbst einem Pausanias gegenüber eine Ungerechtigkeit.

Ich glaube also, nicht gerade an das genugsam gewürdigte *ἰδὼν οἶδα*, wohl aber an die Existenz dieser Gruppe uralter Steinbilder, mag nun Pausanias selbst, wer weifs wie, auf so hohes Alter geschlossen haben oder, was mich wahrscheinlicher dünkt, die ganze Notiz in seiner Quelle fertig vorgefunden haben.

Es ist kein Wunder, dass diese älteste aller Handlungsgruppen einen Kampf darstellte. Für ein an den Thaten seiner Heroen sich begeisterndes Volk ist die Handlung *κατ' ἐξοχὴν* der Kampf. So erklärt sich auch das Überwiegen dieser lebendig bewegten Werke in der späteren vor kühnen Kompositionen nicht zurückschreckenden archaischen Kunst.

---

182) VII 154. Dübner I p. 301.

Εἰς Κόροιβον.

Κοινὸν ἐγὼ Μεγαρεῦσι καὶ Ἰναχίδαισι ἄθυρμα
ἵδρυμαι, Ψαμάθης ἔκδικον οὐλομένης·
εἰμὶ δε Κὴρ τυμβοῦχος· ὁ δὲ κτείνας με Κόροιβος·
κεῖται δ' ὧδ' ὑπ' ἐμοῖς ποσσὶ διὰ τρίποδα·
Δελφὶς γὰρ φάμα τόδ' ἐθέσπισεν, ὄφρα γενοίμαν
τᾶς κείνου νύμφας σῆμα καὶ ἱστορίης.

Aller Wahrscheinlichkeit nach ist es das von Pausanias gemeinte.

183) a. a. O. S. 321.

Bevor wir aber die stattliche Reihe dieser Werke mustern, versuchen wir einem gewöhnlich als sehr alt geltenden Werke seinen Platz anzuweisen. Von Aristokles von Kydonia stand in Olympia ein Erzwerk, welches Herakles im Kampfe mit der berittenen Amazonenkönigin darstellte und, wie Pausanias[184]) offenbar nach der Weihinschrift berichtet, von Euagoras von Zankle geweiht war. Er fügt gelehrt hinzu, die Zeit des Künstlers könne niemand genau angeben; doch dürfe man ihn zu den ältesten rechnen, da er offenbar gelebt habe, ehe Zankle seinen späteren Namen Messene erhalten habe; d. h. nach ihm selber[185]) gerechnet, vor ol. 29.

Es ist zunächst höchst befremdlich, unter Werken ältester Künstler eines von solcher Kühnheit des Gegenstandes zu finden. Die Gruppen des Medon und Hegylos-Theokles bestanden aus kleinen Figuren; hier aber haben wir es mit einem im Freien aufgestellten Erzwerk, gewiss von grofsen Figuren, zu thun, da im Freien stehende kleine Figuren merkwürdig genug sind, um Pausanias zu einer ausdrücklichen Erwähnung dieses auffallenden Umstandes zu veranlassen[186]). Schliefst nun Pausanias wirklich, wie Schubart[187]) meint, auch aus dem Stil der Arbeit? Es giebt zu dieser Annahme nicht die geringste Nötigung: einzig auf Grund der Inschrift erklärt er es für zulässig[188]), den Künstler so weit hinaufzurücken. Ist also jenes Datum falsch, so brauchen wir uns um das von Pausanias vermutete Datum nicht mehr zu kümmern. Es ist in der That falsch: erst ol. 71 fand die Namensänderung statt. Aber vielleicht ist auch die andere Prämisse des Pausanias falsch und mit der Berichtigung der einen nichts gewonnen? In der That ist auch jene falsch: nicht nur dass Pausanias selbst an anderer Stelle[189]) auseinandersetzt, dass in der Poesie mit älterem Namen von Späterem geredet werde; wir würden ein solches Verfahren auch ohne besonderes Zeugnis für Weihinschriften, besonders metrische, völlig begreiflich finden. Wir sind somit jedes Anhaltes

184) V 25, 11. SQ 483.

185) IV 23, 9. 10; hierauf machte Brunn, KG I, S. 117 aufmerksam.

186) Vgl. III 24, 5. 26, 3.

187) Übersetzung S. 413, Anm. 108.

188) ἔστι, nicht δεῖ, wie ich gegen Brunn a. a. O. bemerke.

189) VII 17, 6. Die Beweiskraft des dort zu Grunde gelegten Falles ist allerdings von Kalkmann, Pausanias d. Perieget S. 132 erschüttert worden; auch die übrigen dort angeführten Beispiele findet er mit Recht einfältig (vgl. Schubart, Übersetzung S. 524, Anm. 33); aber die aus falscher Beobachtung fliefsende Behauptung wird gleichwohl der Wirklichkeit entsprechen.

beraubt; denn dass Kydonia seit ol. 66, 2 Kolonie von Aigina war, worauf Brunn a. a. O. Wert gelegt hat, schliefst schwerlich aus, dass ein Künstler, zumal im Auslande, sich auch später noch Kydoniat nennen konnte.

Da nun die Unterscheidung archaischer von jüngeren Werken nicht über den Horizont des Pausanias ging, so haben wir allerdings an ein archaisches Werk zu denken; nun aber alle übrigen Hifsmittel uns genommen sind, möge das Werk selbst zu Worte kommen. Das Kampfschema spricht so dringend gegen hohe Altertümlichkeit[190]) und für die reifarchaische Zeit, dass man bei dem Mangel haltbarer Gegengründe sich mit ziemlicher Sicherheit für diese Zeit entscheiden kann.

Man wird übrigens, selbst wenn man sich das Werk sehr primitiv denkt, von einer gewissen Kühnheit der Aufgabe reden dürfen; jedenfalls ist es klar, dass Gruppen zu Fufs kämpfender Helden schon vor jenem Werke geschaffen worden sind. Eine ganze Reihe solcher enthielt, wie oben erwähnt, die athenische Giebelgruppe; wir finden hier unter dem vielen Unsicheren die Hauptgruppe in einem Schema, das grofse Beliebtheit erlangt hat: der Sieger schwingt die Waffe zum Todesstreich gegen den rücklings zu Boden gestürzten Gegner. Eine ähnliche Gruppe bildet in den äginetischen Giebeln der Gefallene in der Mitte mit dem feindlichen Vorkämpfer.

Einen anderen, ruhigeren Typus der Kampfgruppe bieten die beiden Vorkämpfer, wenn man sich dieselben genügend genähert denkt. Sie stehen einander in sehr mafsvoller Ausfallstellung gegenüber, die rechten ausfallenden, die linken zurückgestreckten Beine, die Lanzen und Schilde entsprechen sich diagonal, also nicht symmetrisch für den Beschauer, und dies bringt in das Ganze eine wohlthuende Abwechselung und trotz aller Ruhe und Gemessenheit Leben und Bewegung, wie anderseits die Möglichkeit, ohne materielle Verbindung die Figuren einander sehr zu nähern, die Geschlossenheit der Gruppierung unterstützt.

Auch der aus der Kampfdarstellung hervorgegangenen Neuschöpfung, der 3 figurigen Gruppen des Gefallenen und der Zugreifen-

190) Petersen AdJ 1884, p. 271: »i vasi a figure nere relativemente rare, nei quali le Amazoni compariscono sul carro o col carro, come anche quegli un poco più frequenti dove compariscono a cavallo o conducendo per la briglia un cavallo, si fanno riconoscere come opera più recente, parte per la trascuratezza del disegno, parte dal nome di un autore riconosciuto più recente, come Nicosthenes«.

den, sei gleich hier gedacht. Zwar bilden sie, die nur in der Gesamtkomposition Sinn und Wert haben, keine wichtige Bereicherung der Handlungsgruppe als solcher; aber es ist interessant, aus ihrer Vergleichung zu erkennen, wie schnell das Bedürfnis wächst, die Figuren durch ihre Handlung möglichst innig zu verbinden. Im Westgiebel ist der Gefallene handlungslos, darum ohne die Zugreifenden, diese aber nicht ohne jenen denkbar; im Ostgiebel gilt dies nur rechts, während die Aktion des verlorenen, aber erhoben gewesenen rechten Armes höchst wahrscheinlich den Feinden, dem Zugreifenden sowohl als dem Vorkämpfer galt: der Gestürzte, aber, wie die Haltung zeigt, noch völlig Widerstandskräftige ist bereit, jeden Stofs oder Schlag zu parieren, der ihn in seiner augenblicklich hilflosen Lage treffen könnte[191]). Es verdient erwähnt zu werden, dass auch in dieser schon geschlosseneren Gruppe materielle Verbindung vermieden ist.

In dieser Zeit beginnt die Reihe der reifarchaischen Kampfgruppen, die wir freilich selten genauer datieren können.

Drei Kampfgruppen bildeten die Weihgeschenke des Lykortas für seinen Freund Phormis in Olympia[192]). Eine war sicher in dem ruhigen Schema gehalten (Φ. ἀνδρὶ ἀνθεστηκὼς πολεμίῳ), über die anderen spricht sich Pausanias nicht aus.

Einer sehr heftigen Kampfgruppe gehörte der Kopf Friederichs-Wolters 315 an. Wolters' Vermutung, dass er von einem unterliegenden, zu Boden gestürzten Kämpfer sei, ist sehr ansprechend[193]).

Letztere Gattung wird als geläufiger Gegenstand der Kunst dieser Zeit erwiesen durch das nicht verächtliche Zeugnis der Berliner Erzgiefsereivase[194]). Die Aufsenbilder stellen die Herstellung zweier Erzfiguren dar, und Gerhard, der ihre Zusammengehörigkeit erkannte, hat die Gruppe selbst konstruiert[195]). Sie stellt einen Krieger in Angriffsstellung, ganz ähnlich den äginetischen Vorkämpfern, und einen rück-

---

191) Vgl. Anm. 131. Die Lage des Gefallenen ist nicht so unbequem, wie sie auf den ersten Blick scheint; besonders mit etwas mehr zurückgesetztem r. Fufs und stärker gebogenem Knie, wie Fragm. L. 5 (Brunn 72 f.) indiziert, kann man in dieser Haltung geraume Zeit verharren. Für einen Schwerverwundeten freilich wäre die Haltung viel zu kräftig, ein Fehler, den ich dem Künstler nicht zutraue.

192) Paus. V 27, 7.

193) Ob er freilich mit dem eben erwähnten Werke etwas zu thun hat (vgl. AZ 1881, S. 75. Ausgrabungen V S. 13), ist fraglich.

194) Berlin 2294, wo Litteratur.

195) Trinksch. u. Gefäfse IX 2. Diese Rekonstruktion hielt für das Innenbild der Vase Murray, Hist. of Gr. sculpt. p. 83.

lings vor jenem auf einen Felsen(?) niedergestürzten, waffenlos die Hände emporstreckenden Mann dar. Die mit grofser Sorgfalt dick aufgetragenen Stirnlöckchen lassen keinen Zweifel, dass dem Vasenmaler archaisch strenge Figuren vorschwebten.

Von den drei grofsen Vorläufern der Blütezeit sind Pythagoras und Myron, der ganzen Richtung ihrer Kunst entsprechend, auch auf diesem Gebiete vertreten.

Dem ersteren wird von Tatian in einer Stelle, welche sich in allen der Prüfung zugänglichen Punkten als zuverlässig erwiesen hat[196]), eine Gruppe zugeschrieben, welche den Wechselmord des Eteokles und Polyneikes darstellte[197]). Von einer gewöhnlichen Kampfgruppe musste sich dieses Werk dadurch unterscheiden, dass jeder Kämpfer gleichzeitig siegend und unterliegend, tötend und getötet dargestellt war. Ob in dieser Fassung das Thema schon behandelt war, wissen wir nicht; am Kypseloskasten[198]) war nur die Tötung des Polyneikes dargestellt, während das Ende seines Besiegers vielleicht die hinter dem Gefallenen stehende Ker andeuten sollte. Alt aber ist der Zug, dass Polyneikes ins Knie gesunken ist, und dass Pythagoras diesen Zug beibehielt, nicht unwahrscheinlich. Unter diesen Umständen darf man auf die Darstellungen dieses Gegenstandes auf etruskischen Aschenkisten[199]) verweisen, unter denen sich besonders ein Typus durch Energie der Aktion und Geschlossenheit der Gruppierung auszeichnet[200]): Eteokles steht links in kräftiger Ausfallstellung und durchbohrt oder durchschneidet dem Bruder die Kehle, während seine Linke gleichzeitig den Schild des Gegners am Rande packt, um ihn wegzureifsen; der Niedergesunkene durchbohrt seinen Feind von unten; zwischen ihnen lehnt Eteokles' Schild. Es ist sehr möglich, aber leider nicht zu beweisen, dass diese wirkungsvoll komponierten Gruppen auf das Werk des in Italien mehrfach beschäftigten Meisters zurückzuführen sind.

---

196) S. Blümner, AZ 1870, 86 ff. Löschcke, Arch. Miscellen (Dorpater Progr. 1880), S. 11.

197) Tatian c. Graec. 54, p. 118 (ed. Worth). SQ 501. Nur auf ein Missverständnis dieser Stelle kann ich es zurückführen, dass Urlichs, Archäol. Analekten S. 8 sagt: »Auch heroische Gegenstände behandelte Pythagoras in der Wahrheit der Palästra: von Eteokles' und Polyneikes' Kampf werden die Schemata erwähnt«. Warum sollte Tatian in diesem Zusammenhang spezifisch palästrische Kampfschemataim Sinne haben?

198) Paus. V 19, 6.

199) Vgl. Overbeck HG S. 136 f. No. 57.

200) Vertreten z. B. durch Overbeck, HG V 12; Mus. Greg. I 93, 2. 4; München, Antiquar. No. 594 a. b.

Derselbe Meister bereitet uns eine andere Überraschung, indem er uns das früheste bekannte Beispiel einer Kampfgruppe zwischen Mensch und Tier vorführt. Nach Plinius[201]) machte er »Apollinem serpentemque ejus sagittis configi«. Es ist viel darüber geschrieben worden, ob auf dieses Werk ein krotoniatisches Münzbild[202]) zu beziehen sei, wie zuerst Raoul-Rochette annahm. Dass die Zeichnung offenbar für die Münze berechnet ist, schliefst die Möglichkeit eines statuarischen Originals noch nicht aus[203]); nichts mit diesem zu thun hat jedenfalls der Dreifufs, der Münzzeichen ist[204]). Aber was wird dann aus dem von Schreiber besonders genau analysierten Motiv der Bewegung? So wie es vorliegt, muss es dem Stempelschneider gehören, was bei einer Münze guter griechischer Zeit nichts Unerhörtes ist. Man braucht sich aber nur den Dreifufs wegzudenken, um zu bemerken, dass dann zwar das Motiv der Deckung wegfällt, die Bewegung selbst aber ebenso möglich ist wie zuvor; denn die Seitwärtsbiegung des Oberkörpers denkt man sich, des hindernden Dreifufses wegen, mehr hinzu, als man sie wirklich dargestellt sieht[205]). Was bleibt also übrig? Ein Apollon in einer — vermutlich, da der Raumzwang wegfällt, stärkeren — Auslagestellung, im Begriff, die Sehne des Bogens anzuziehen, den Blick auf den gegenüber in vielen Windungen sich emporringelnden Drachen gerichtet. Und diese Auslagestellung, dieses Zurückweichen ist bei der unmittelbaren Nähe des Feindes genau so natürlich, wie bei dem ferntreffenden Neapeler

201) 34, 59. SQ 499, 10.

202) Die Litteratur bei Schreiber, Apollon Pythoktonos S. 68, Anm. 2. 3.

203) Ziemlich kategorisch spricht hierüber ab P. Gardner, Types of Greek coins p. 120.

204) Michaelis, AdJ 1875 p. 85 n. 43. P. Gardner a. a. O.

205) Hier ist die Verschiedenheit der Münzbilder von Wert. Ist der l. Arm über dem r. sichtbar, so ist der Eindruck einer Seitwärtsbeugung des Oberkörpers da, und so stellt es die Münze des Berliner Kabinets, Friedländer- v. Sallet [2], Tfl. VIII 761 dar. Der l. Arm unter dem r. erscheint allerdings nur in den nicht unbedingt zuverlässigen Abbildungen bei Eckhel, num. anecd. III 25; Müller-Wieseler, DaK II 13, 145; Mus. Borb. VI 32, 6; dagegen decken die Arme einander völlig Num. Chron. NS XIII (1873), pl. III 7, P. Gardner a. a. O. pl. V 7 und, wie mir Overbeck mitteilt, auch in dem Imhoof'schen Exemplar. Es wäre also, ein statuarisches Original zugegeben, wieder einmal, wie bei den Nachbildungen der Tyrannenmörder (vgl. S. 47), der Gebrauch zeichnender Darstellung in Kraft getreten, dass die tiefer im Grunde befindlichen Teile sich vorschieben, um sichtbar zu werden, und die Abweichungen der Münzbilder würden, wenn überhaupt für etwas, nur für gleiche Höhe der Schultern und Arme im Original beweisen.

Niobidentöter[206]) das Vorbeugen und Vorschreiten. Denn dass die Einschiebung eines Gegenstandes beliebt worden sei, um den Bogenschützen und sein Ziel nicht unmittelbar nebeneinander zu stellen[207]), ist unwahrscheinlich gegenüber einem Werke der ersten Blütezeit, dem Löwenkampf des Herakles von Nikodamos in Olympia[208]).

Es liegt also kaum ein Grund vor, die Abhängigkeit des Münzbildes von einer aus Apollon und Drachen bestehenden statuarischen Gruppe für unmöglich zu erklären; sehr fraglich aber ist Pythagoras' Anteil an dieser. Gegen ihn spricht zwar nicht die Formgebung im Münzbilde; denn es ist bekannt, dass autonom griechische Münzen von der Ängstlichkeit im Kopieren von Kunstwerken nichts wissen, die römische Kaisermünzen auszeichnet. Dagegen scheint man die Pliniusstelle in der That so verstehen zu müssen, dass das Werk des P. in Syrakus war, und gegen dieses Argument fallen die an sich recht ansprechenden Erörterungen Urlichs'[209]) nicht ins Gewicht.

Die Frage muss also unentschieden bleiben; eines aber dürfen wir mit Bestimmtheit vom Münzbild, dessen schlichter, strenger Typus der Zeit unseres Künstlers würdig ist, auf sein Werk übertragen: das Gröſsenverhältnis der Figuren. Ein Meister wie Pythagoras musste die Notwendigkeit einsehen, die Schlange als gleichwertig mit ihrem Gegner darzustellen. Erhaltene Werke späterer Zeit zeigen, wie dieses Verfahren für derartige Werke zur Regel geworden ist[210]).

Für Myron ist eine Kampfgruppe nicht direkt bezeugt, aber nicht unwahrscheinlich. Mit Recht nämlich scheint Michaelis[211]) die nach Pausanias (I 27, 4) auf der athenischen Akropolis stehende Kampfgruppe: διεστῶτες ἄνδρες ἐς μάχην, deren populäre Bezeichnung Erechtheus und Eumolpos war, mit dem Erechtheus, dem nach

206) Vgl. Friederichs-Wolters 1529.

207) Jahn, Denkschr. d. Wiener Akad. Phil.-Hist. Cl. XIX (1870), S. 10 Anm. 5.

208) Paus. V 25, 7. SQ 1028.

209) Archäol. Analekten S. 6 f.

210) In Werken wie dem Herakles im Kampfe mit Geryoneus oder den Rossen des Diomedes im Vatikan (Clarac V 797, 2001; 800, 2000) haben Bequemlichkeits- und Sparsamkeitsrücksichten gewaltet. Um so mehr beweisen für die Strenge der Regel die Venetianer Ganymed- und Ledagruppen (Clarac III 407, 702; 412, 716), in denen die Tiere vergröſsert sind, sicher nicht, weil ein Gott in ihnen steckt, sondern um der Menschenfigur gleichwertig zu werden.

211) Ath. Mitt. II, S. 85 ff. Wilamowitz, Kydathen (Philol. Untersuchungen Heft 1), S. 126 ist ihm beigetreten. Kalkmann, Pausanias S. 192 hält eine Entscheidung nicht für möglich.

Pausanias (IX 30, 1) sehenswertesten Werke des Myron zu identifizieren. Aber selbst für den Fall, dass dieses ebenfalls in Athen aufgestellte Werk des Myron vielmehr unter den Eponymenstatuen an der Agora zu suchen wäre und der Meister der Gruppe unbekannt bliebe, so würde doch das Schema des Kampfes es wahrscheinlich machen, dass das Werk hierher gehöre: den eigentümlichen Ausdruck würde eine Gruppe getrennter Figuren nach Art der äginetischen Vorkämpfer ganz passend erklären, was die gröfste, sogar »myronische« Lebendigkeit in der Darstellung des Kampfes nicht ausschliefst.

Nach dem Kampfe, als Sieger war der Perseus des Myron [212]) dargestellt. Dem Wortlaute der Überlieferung nach könnte Perseus allein, zur Andeutung der »vollbrachten That« das Haupt der Medusa in der Hand haltend, dastehen [213]). Aber es konnte auch die getötete Medusa mit dargestellt sein, und das gewinnt einige Wahrscheinlichkeit aus Münzbildern mehrerer kleinasiatischer Städte, welche athenisches Gepräge entlehnen [214]). Hier steht Perseus, in Chlamys und phrygischer Mütze, das Haupt des Ungeheuers in der gesenkten L., die Harpe in der etwas gehobenen R., vor der am Boden ausgestreckten, enthaupteten Medusa; der zurückgesetzte l. Fufs scheint auf ihrem Leib zu stehen. Es wäre interessant, wenn diese Darstellung auf athenischen Münzen zum Vorschein käme; sie würde dann einen wertvollen Beitrag zur Kenntnis myronischer Kunst geben, für welche sie an sich, nach den uns geläufigen Vorstellungen, nicht eben spricht [215]).

Vermutungsweise endlich ziehe ich hierher ein Werk unbestimmter Zeit, die Herakles-Kyknosgruppe von der athenischen Akropolis [216]). Ich habe dafür nur den einen Grund, dass der Gegenstand in der

212) Paus. I 23, 8. SQ 541. An eine Verfolgung denkt, gegen den Sinn der Stelle, Murray, Hist. of Gr. sculpt. I p. 230 f. Der Perseus des Pythagoras ist durch Klein, a.-e. M. a. Ö. VII, S. 68 f., dem Urlichs, Arch. Analekten S. 6 beistimmt, aus der Welt geschafft worden.

213) Das verleitete Beulé, l'Acropole p. 292 f. zu der Seltsamkeit, dieses Werk des Myron und den Weihwasserknaben seines Sohnes Lykios als zwei Figuren, deren jede etwas in der Hand trägt, einander gegenüber vor dem Artemistempel aufgestellt zu denken.

214) Beulé, Monn. d'Athènes p. 92; vgl. Ath. Mitth. VI S. 325.

215) Die schlechte Gruppierung liefse sich allenfalls als Rest archaischer Unvollkommenheit entschuldigen; auffallender würde ich es fast finden, dass Myron den Heros nicht nackt gebildet haben sollte.

216) Paus. I 27, 6.

archaischen Kunst sehr beliebt war, später hingegen nur vereinzelt wiederkehrt[217]). Nach dem Wortlaute des Pausanias zu urteilen, war Kyknos nicht unterliegend wie z. B. Gerhard AV II 121, 2 dargestellt, sondern es war wohl ein einfacheres Kampfschema gewählt[218]).

Nächst dem Kampfe sind Verfolgung und Entführung dem epischen Empfinden vertraute Gegenstände. Zu ihnen würde der Ringkampf des Peleus mit der Thetis den Übergang bilden, wenn uns eine statuarische Darstellung desselben bekannt wäre. Statt dessen sei wenigstens ein interessantes Werk der Kleinkunst, eine Statuetten-

---

217) S. die Zusammenstellung der Darstellungen bei Heydemann AdJ 1880, p. 78 ff.

218) Ich erinnere an *Ἡρακλέους μονομαχία πρὸς Κύκνον* am amykläischen Thron, Paus. III 18, 10. — Im Anschlusse an die hiermit beendigte Besprechung archaischer Kampfgruppen muss ich mich noch über ein zeitlich unbestimmtes, auch seinem Charakter nach vereinzelt stehendes Werk aussprechen, weil das Attribut der einen Figur für unsere Zeit sprechen könnte. Paus. erwähnt I 2, 4 einen berittenen Poseidon, der den Speer gegen den Giganten Polybotes wirft, fügt aber hinzu, dass die spätere Aufschrift das Bild (*τὴν εἰκόνα*) einem anderen und nicht dem Poseidon zuschreibe. Ich will nicht darauf Wert legen, dass *εἰκών* nur selten und spät von Götterbildern gebraucht wird (Fränkel, de verb. potior. etc. p. 36. 38); Pausanias mochte es gerade hier brauchen, weil vielleicht durch die Inschrift die Göttlichkeit zweifelhaft wurde. War aber überhaupt ein Zweifel möglich und konnte das Epigramm einen andern Namen einführen, wenn Poseidon und Polybotes deutlich, zum wenigsten aber der eine als Gott, der andere als Gigant, kenntlich waren? Poseidon kommt im Gigantenkampf beritten vor, freilich nur in späteren Werken (Overbeck KM III, S. 332, 27. 28); die Lanze ist ebenfalls nicht ohne Analoga (angeführt KM III, S. 330), aber in den einzigen sicheren Beispielen, zwei s. f. Vasenbildern, ist er wiederum zu Fuſs. Diese Umstände, verbunden mit der Thatsache der Umnennung, sind geeignet, diese Gigantomachie sehr problematisch zu machen. Ich glaube indessen, das Rätsel löst sich sehr einfach: das Werk war überhaupt keine Gruppe, sondern es war das Standbild eines Reiters, der mit dem Speer gegen einen hinzuzudenkenden Feind ausholte, also gewissermaſsen eine *σκιαμαχία*. Woher die Namen kamen, welcher das bessere Recht hatte, ist nicht zu entscheiden; aber nur wenn der Gigant nicht da war, erklärt sich die Namensänderung, nur dann konnte Pausanias plötzlich mit *τὴν εἰκόνα* fortfahren. Mit den Worten *ἐπὶ γίγαντα Πολυβώτην* fällt also Pausanias unvermittelt aus der Beschreibung in die Erzählung, was auch dem modernen Archäologen oft genug passiert; für Pausanias selbst verweise ich auf die summarische Beschreibung des amykläischen Thrones (III 18): *Κέφαλος τοῦ κάλλους ἕνεκα .. ἡρπασμένος; Ἡρακλῆς .. ἐπ' Εὐήνῳ τῷ ποταμῷ Νέσσον τιμωρούμενος; Ἡρακλέους μάχην πρὸς Θούριον τῶν γιγάντων;* ferner V 25, 11: *Ἡρακλῆς ὑπὲρ τοῦ ζωστῆρος μαχόμενος πρὸς τ. Ἀμαζόνα.* Auch die Notiz über die Athena-Marsyasgruppe (s. u.) rechne ich hierher.

gruppe der Richmond'schen Sammlung, kurz erwähnt, welche nach Michaelis Beschreibung[219]) archaische Züge aufzuweisen scheint.

Eine Verfolgungsszene mit dem ganzen Apparat der epischen Darstellung haben wir oben (S. 28 ff.) besprochen. Eine derartige, aber auf die eigentlich Handelnden beschränkte Gruppe ist uns nicht bekannt[220]); die Form der Entführung, welche eine noch innigere Verknüpfung der Figuren erlaubte, ja verlangte und für gewisse Stoffe, z. B. Boreas-Oreithyia, Eos-Kephalos altes Schema war, ist von der 2 figurigen Gruppe mit Vorliebe gewählt worden.

Eine solche Darstellung war die Terrakottagruppe der Eos mit Kephalos auf dem Dache der athenischen Königshalle, die wir in die Zeit der Erbauung dieser Halle, also spätestens in die erste Hälfte des 5. Jahrh. setzen dürfen[221]), zumal derselbe Gegenstand in archaischen, architektonisch verwendeten Terrakotten auch sonst vorkommt[222]). Wir können dieselbe Komposition wie in den erhaltenen Werken im wesentlichen auch für diese Akroterienfiguren voraussetzen und weiter daraus schliefsen, dass auch das Gegenstück, die Bestrafung des Skiron ein ähnliches Schema zeigte; Vasenbilder[223]), welche diese Theseusthat so darstellen, dass der von Theseus am r. Bein gepackte Skiron ungefähr wagerecht frei in der Luft schwebt, können eine ungefähre Vorstellung von dem dort gewählten Schema geben.

---

219) Anc. Marbles in Gr.-Brit. p. 630 f. Richm. 37.

220) Wie die als delphisches Weihgeschenk einer Stadt wohl nicht über das Ende des 5. Jahrh. hinabzurückende Gruppe der Phliasier, welche Zeus und Aigina darstellte (Paus. X 13, 6), komponiert war, ist nicht zu entscheiden (vgl. Overbeck KM II, S. 399); eine verbindende Handlung (»Raub der Aigina« Roscher im mythol. Lexikon Sp. 148) ist bei der merkwürdigen Fassung des Textes höchst unwahrscheinlich.

221) Paus. I 3, 1. Über die Zeit der Erbauung gehen die Meinungen auseinander. Lange, Königshalle S. 55 (= Haus u. Halle S. 104) hält für möglich, dass die nach seiner Ansicht noch unter der Peisistratidenherrschaft angelegte Halle im Perserkriege unversehrt geblieben sei, Pausanias also noch die alten Gruppen gesehen habe. Gurlitt, üb. das Alter der Bildwerke und die Bauzeit des sog. Theseion S. 39 hält Kimon für den Erbauer der Halle.

222) S. AZ 1875 Tfl. 15, 1. S. 166 (Curtius); 1882 Tfl. 15 (jetzt Berlin). S. 354 (Furtwängler); Lange, Königshalle S. 21 (= Haus u. Halle S. 69). Ferner steht eine kleine Bronzegruppe ehemals Millingen'schen Besitzes MdJ III 23b; AdJ XII (1840), p. 149 ff. (E. Braun).

223) Besonders das von Panofka, der Tod des Skiron Tfl. I veröffentlichte = Berlin 2288; vgl. über diese Vasen Klein, Euphronios[2] S. 200 ff. Auch Gurlitt a. a. O. S. 41 vermutet, dass Skiron nicht rücklings fallend, sondern mit dem Gesicht nach unten gebildet war.

Die stark zerstörte olympische Terrakottagruppe eines pferdehufigen Silens, der eine Nymphe entführt[224]), weist Furtwängler schon dem freien Stil zu, was ich nach der Abbildung nicht prüfen kann; das Schema ist aus der archaischen Kunst sehr bekannt[225]).

Ungewiss ist es auch, ob 2 (als Gegenstücke oder, nach dem Prinzip der primitiven Gesellschaftsgruppe, unmittelbar nebeneinander aufgestellte?) Gruppen in Messene[226]), welche die Entführung der Leukippiden durch die Dioskuren darstellten, der archaischen Kunst angehörten; das Thema ist zwar unter den Entführungsszenen archaischer Zeit nachzuweisen[227]), aber es hat seine Popularität auch später nicht eingebüſst, wie eine Reihe berühmter Werke (Gemälde des Polygnot im athenischen Anakeion, Vase des Meidias, Heroon von Giöl-Baschi, Akroteriengruppen von Delos[228]) und für die Spätzeit eine Anzahl Sarkophagdarstellungen beweisen.

Zu diesen Darstellungen des Kampfes, der Verfolgung und Entführung, welche die statuarische Kunst in innigster Verbindung mit der an die Heroensage anknüpfenden, zuerst von der dekorativen Kunst vor Augen gestellten Ideenwelt zeigen, kommen noch einige durch besondere Merkmale hierher verwiesene Werke. Zunächst eine Gruppe, die bisher wenigstens nicht mit besserem Rechte einer anderen Periode zugewiesen worden ist: die aus Pausanias[229]) bekannte Darstellung der Athenageburt auf der athenischen Akropolis. Für »wahrscheinlich altertümlich« hielt sie Müller[230]), desgleichen, offenbar nur nach dem Schema, R. v. Schneider[231]), während Löschcke[232]) ein nach Voll-

224) Ausgrabungen IV 27 A 1; vgl. AZ 1878, S. 173 (Furtwängler). 1880, S. 112 (Curtius).

225) Münzen von Lete in Makedonien Gardner, Types of Gr. coins III 1. 2, p. 92 f.; vgl. Brunn, Sb. d. bayr. Akad. 1876 I, S. 323; Löschcke, Dorpater Progr. 1886, S. 9.

226) Paus. IV 31, 9.

227) Am amykläischen Thron III 18, 11; im Tempel der Athena Chalkioikos III 17, 3.

228) AZ 1882, 347 (Furtwängler).

229) I 24, 2.

230) Hb. § 371, 2.

231) Geburt der Athena (Abh. d. a.-ep. Sem. d. Univ. Wien I) S. 7. Allerdings macht Petersen in der Besprechung dieses Buches (Jbb. f. klass. Philol. 123 (1881), S. 483. Anm. 4 nicht mit Unrecht darauf aufmerksam, dass die von Löschcke geltend gemachten Gegengründe von v. Schneider »weder widerlegt noch richtig wiedergegeben werden«.

232) AZ 1876, 118 f.

endung des Parthenon geschaffenes, aber noch der archaischen Typik folgendes Werk darin sehen wollte. Beide Ansichten sind für unsere Betrachtung gleich viel wert; ihnen entgegen steht indes noch eine und zwar die einzige aufser jenen mögliche, dass das Werk archaistischer Liebhaberei später Zeit seinen Ursprung verdanke, und mit dieser wiederum verquickt sich die ebenfalls nicht bewiesene Meinung von dem späten Ursprung der gleichfalls auf der Akropolis aufgestellten Athena-Poseidongruppe[233]). Ich muss für diese viel diskutierten

233) Bei Erörterung der den Westgiebel des Parthenon betreffenden Fragen ist auch dieser Gruppe, welche an der Nordostecke des Tempels stand, wiederholte Beachtung zu Teil geworden; leider zu wenigem Gewinn, denn noch immer durchirrt sie ruhelos wie die Insel Delos das Meer der Kunstgeschichte. Seit langer Zeit hatte man Nachbildungen des Werkes besonders auf athenischen Kaisermünzen und einigen geschnittenen Steinen erkannt; aber bis Stephani (CR 1872, p. 131 ff.) einschliefslich blieb es unbemerkt, dass diese Werke auf zwei beträchtlich verschiedene Typen zurückgehen. Robert, der in seinem Aufsatze: der Streit der Götter um Athen (Hermes XVI, S. 60 ff.), den durch die Titelvignette der athen. Mitt. vertretenen Typus auf den Parthenongiebel bezogen hatte (S. 87), hat das Verdienst, die beiden Typenreihen gesondert zu haben (Ath. Mitt. VII, S. 53 ff.; ein weiteres Exemplar von C ist abgebildet JHS 1887, pl. Z XVII, von B (und zwar ein Medaillon des Marc Aurel) ebd. XV; hinzuzufügen ist als G die von Stephani a. a. O. S. 221 abgebildete, S. 223 besprochene Gemme). Freilich kann ich ihm nicht zustimmen, wenn er unter gleichzeitiger Annahme eines groben Versehens bei Pausanias aus einem von ihm Tfl. I 2 abgebildeten Relief die athenische Gruppe erschliefsen will, weil dessen Typus der unverkürzte des Originals, der von A—G aus diesem verkürzt sei. Gewiss erinnern die Figuren dieses Reliefs an statuarische Typen, aber inwiefern das Ganze an eine statuarische Gruppe? Was sollte in einer solchen der Tisch, der am wahrscheinlichsten auf ein Gemälde als Original hinweist? Aber mag nun ein solches Original für das Ganze existiert haben oder mögen, wie ich glaube, die Figuren des Reliefs bekannten Typen sich anlehnen, so würde immerhin nur das eine feststehen, dass im ersten Falle das Original frühestens nachlysippisch wäre, im zweiten wenigstens der Poseidon auf einen lysippischen Typus zurückginge; während wir nach unten durch keine Grenze eingeengt sind, da Poseidon mit dem aufgestützten Fufs dem Kunsthandwerker der Spätzeit selbst ohne bestimmtes Vorbild geläufig ist, überhaupt dieses Motiv, wie hier die Nike zeigt, mit gröfster Sorglosigkeit verwendet wird. Erwägt man noch, dass das Relief nicht im stande war, dem Ölbaum seinen gebührenden Platz, den er in A—G einnimmt, anzuweisen, so ergiebt sich, dass A—F (G ist in anderer Hinsicht erweitert) das hypothetische Original unverkürzt wiedergeben müssten, während das Relief interpolierte. Aber auch A—G streiten gegen Pausanias, und auch sie verraten wohl Statuen als Vorbilder, zwingen aber durchaus nicht zu der Annahme, dass das Original eine Gruppe gewesen sei. Dagegen passt die andere Typenreihe, die mit dem Parthenongiebel meines Erachtens durchaus nichts zu thun hat, recht gut zum Wortlaut der Pausaniasstelle, und da

Fragen auf die Anmerkung verweisen und fasse meine Ansicht über die Athenageburt dahin zusammen, dass bis jetzt kein genügender Grund vorhanden ist, dieses Werk der naiven archaischen Kunst abzusprechen und es durch Zuweisung an die späteste Kunst zu einer noch gröſseren Seltsamkeit zu machen, als es in Hinsicht des Gedankens und noch mehr der Komposition ohnehin schon ist.

Aus stilistischen Gründen würde an diese Stelle auch ein zum Teil erhaltenes Werk gehören, wenn sich mit Sicherheit sagen lieſse, ob es in unversehrtem Zustande wirklich eine Gruppe war, das rätselhafte Werk, dessen schöner Rest die bekannte Wiener Amazone[234]) ist. Die Analogie der ehemals Pulszkyschen Gemme, auf welche R. Schöne hingewiesen hat[235]), scheint schlagend und die Haltung, in welcher die Amazone dort dargestellt ist, bis ins einzelne im Einklange mit dem Erhaltenen[236]); schwere Bedenken erweckt aber, wie schon Overbeck betont hat, dass an der ganzen Figur keine Spur einer zweiten, haltenden oder tragenden Gestalt zu entdecken ist[237]) und dass auch, wie eine genaue Untersuchung des Originales ergeben

---

mit dem Auftauchen eines Medaillons des Marc Aurel vom Typus B auch die persönliche Beziehung zu Hadrian und der Gedanke, dass ein von ihm geweihtes Werk auf dieser Schaumünze dargestellt sei, in Wegfall kommt, so halte ich es für sehr wahrscheinlich, dass in dem bewegteren Typus jener anderen Reihe die Akropolisgruppe wiederzuerkennen ist. Da die Zeit derselben ganz unsicher bleibt, so wird der Annahme, dass die Athenageburt ein archaistisches Werk der Spätzeit sei, ihre kräftigste Stütze entzogen. — Übrigens verfällt v. Sybel, Mitt. V, S. 102 f. demselben Fehler, für ein dort auf Tfl. V 1 veröffentlichtes Relief eine Gruppe als Vorbild vorauszusetzen, während nur soviel sicher ist, dass die allein erhaltene Athena auf ein statuarisches Vorbild zurückweist, und es sogar unentschieden bleiben muss, ob in dem Relief wirklich Poseidon oder überhaupt jemand ihr gegenüber stand.

234) Friederichs-Wolters 238, im wesentlichen = Friederichs 53; dort Litteratur. Die besten Abbildungen bei Sacken und Kenner, die antiken Skulpt. des Wiener Münz- u. Antikenkab. Tfl. I (Photogr.) und Overbeck, Plastik ^{3}, fig. 41; vgl. S. 183.

235) BdJ 1865, p. 115. AZ 1865, 65*. Die Gemme bei Overbeck a. a. O. fig. 41 a.

236) Das gilt besonders für den l. Arm und r. Oberarm, nur die Beugung im Knie dürfte bei dem Fragment nicht so stark sein, wie auf der Gemme. Die sonstigen Abweichungen sind unwesentlich.

237) Der Rest einer Stütze am rechten Oberschenkel kann wohl nur auf den rechten Arm bezogen werden, dessen Aktion freilich nicht bestimmt zu ermitteln ist. Hier eine Verbindung mit einer anderen Figur anzunehmen, wie Wolters a. a. O., scheint mir unzulässig.

hat[238]), von gänzlicher oder teilweiser Überarbeitung nicht die Rede sein kann. Es bleiben somit nur zwei Möglichkeiten: entweder ist das Werk Einzelfigur[239]), oder eine sehr stiltreue Kopie[240]) der einen Figur einer Gruppe, mit völliger Vernachlässigung des Zusammenhanges, der die Figur erst verständlich machte. Wie wenig für beide Möglichkeiten spricht, darüber bedarf es keines Wortes; aber ich muss leider gestehen, zu einem besseren Ergebnis nicht kommen zu können.

Aus kunstmythologischen Rücksichten gehören frühestens ans Ende der archaischen Zeit die immer zahlreicher auftretenden Darstellungen von Theseusthaten[241]), deren mehrere auf der athenischen Akropolis standen. Aber mehr als diesen terminus a quo können wir mit einiger Wahrscheinlichkeit nur für eines dieser Werke, Theseus mit dem Stier, ein Weihgeschenk des marathonischen Demos, ermitteln: vermutlich[242]) war dieses Werk bald nach der marathonischen Schlacht geweiht. Aber dank der sorglosen Geschwätzigkeit des Pausanias, der die Er-

238) Auf meine Bitte hatte R. v. Schneider die Güte, sich dieser Prüfung zu unterziehen. Er schreibt mir: ».... Ich konnte diesmal so wenig wie früher ... irgend einen Ansatzrest sei es am Rücken der Figur, sei es an ihrer l. Seite entdecken, und auch von einer gänzlichen oder teilweisen Überarbeitung vermag ich keine Spur zu finden. Die nackten Körperteile, wie bei sehr vielen antiken Statuen, sind zum Unterschiede von der Bekleidung ganz leicht mit Bimsstein geglättet worden. Auch diese Politur halte ich für zweifellos ursprünglich, und ebenso die Bearbeitung des »Puntello« am r. Oberschenkel. Dieselbe spiralige Windung zeigt z. B. die Stütze zwischen der rechten Hüfte und dem r. Vorderarm einer Apollonstatue aus der Bibliothek Mazarin im Louvre«.

239) Die von Arneth hervorgehobene (vgl. Jahn, Ber. d. sächs. Ges. d. W. 1850, S. 54 zu Tfl. 6) Ähnlichkeit mit der zusammensinkenden Amazone des Frieses von Phigaleia ist ein schlechter Trost: die Wirkung des Werkes würde in jedem Falle unerquicklich sein. Übrigens beweist die Rücksichtslosigkeit, mit welcher der Puntello auf dem Gewand ansetzt, dass diese Stelle nicht bestimmt war, gesehen zu werden. Aber ich wüsste kein Attribut für die r. Hand, das dem entspräche.

240) Friederichs schien die Statue für Original zu halten, und Overbeck bespricht sie in Zusammenhang mit archaischen Werken. Ich halte das letztere für gerechtfertigt, bezweifle aber ein wenig die Originalität. So viel allerdings scheint mir ganz sicher, dass von archaistischer Manier hier nicht die Rede ist. Dagegen scheint es mir nach dem Gipsabgusse, als mangle der Gewandbehandlung die rechte Naivität, und beim Haar scheint mir eine archaische Perrückentracht nicht mit vollem Verständnis wiedergegeben. Ich möchte daher das Werk für eine in Kleinigkeiten unzureichende, im ganzen aber liebevoll sorgfältige Kopie eines archaischen Originales halten.

241) Vgl. Gurlitt a. a. O. S. 33 ff.

242) Gurlitt S. 40.

wähnung dieses Werkes in einen sagengeschichtlichen Exkurs einschachtelt, wissen wir nicht, ob Theseus den Stier vor sich hertrieb oder opferte, oder ob vielleicht die an sich sehr passende Bändigung dargestellt war. Ein Münztypus [243]), welcher das erstere darstellt, ist vielleicht auf dieses Werk zu beziehen; doch muss das, wegen der erwähnten Unklarheit der litterarischen Überlieferung, unentschieden bleiben.

Schritt für Schritt haben wir uns von dem breiten in Wort und Bild sich ergiefsenden Strome epischer Darstellung entfernt. Jetzt begegnen uns an der Schwelle der Blütezeit zwei Werke, welche die Handlungsgruppe von dem Banne der Überlieferung befreit, nach Stoffwahl und Auffassung zur Selbständigkeit herangereift zeigen. Allerdings sind beide aus der Hand des Myron, der zwar noch nicht jeden Rest archaischer Kunstübung abgestreift hat, der Zeit aber wie dem Wesen nach fast mit gröfserem Rechte der Blütezeit zuzurechnen ist.

Aber auch hier müssen wir zunächst bedauern, dass wir so wenig über diese Werke wissen; ganz wenig, nichts als den Namen, von den rätselhaften pristae [244]), die aus den Seeungeheuern, die man in vergangenen Tagen dem myronischen Perseus zum Gefolge gab, endlich wieder zu Sägern geworden sind. In der That liegt kein Grund vor, von dem Wortlaut abzugehen, wie zuletzt Urlichs [245]) gegen Löschckes [246]) Verbesserung (pyctae) betont hat. Ob aber wirklich Petersens [247]) geistreiche Rechtfertigung dieser Säger aus dem Kunstcharakter des Myron und Oertels [248]) ansprechender Versuch, das für diese Zeit auffallende genrehafte Motiv zu erklären, Recht behalten werden, muss dahingestellt bleiben; ich meinerseits bin nicht im stande, Neues hinzuzufügen.

Ein klareres Bild können wir uns von der Athena-Marsyasgruppe machen, welche als durchaus eigenartiges und vollendetes Werk die Reihe der archaischen Handlungsgruppen beschliefsen möge [249]). Ich

243) Beulé, Monn. d'Ath. p. 399; JHS 1887, pl. D.D. VII. VIII, p. 146; auch Gurlitt a. a. O. p. 41 erinnert an ihn.

244) Plin. 34, 57. SQ 533, wo unter Anm. e die ältere Literatur.

245) Beiträge z. Kunstgesch. S. 9.

246) Dorpater Programm 1880, S. 9.

247) AZ 1865, 91 ff.

248) Beitr. zur ält. Gesch. d. Genrebildnerei S. 21. Die neueste Besprechung des Werkes durch Murray, Classical Review I, p. 3, ist mir nicht zugänglich.

249) Die vollständigste Übersicht über die Literatur bei Hirschfeld, Athena u. Marsyas, 32. Berl. Winckelmannsprogr. 1872 und L. v. Sybel, Athena und

suche mich über den vielbehandelten Gegenstand so kurz wie möglich zu fassen.

Als Ausgangspunkt genügt die Pliniusstelle (34, 57), seit Brunn aus überzeugenden formalen Gründen den myronischen satyrum admirantem tibias in dem lateranensischen Satyr[250]) nachgewiesen hat. Das Werk kann ursprünglich, wie der zu Grunde liegende spezifisch attische Mythos beweist, kaum anderswo als in Athen gestanden haben[251]); können wir also diesen Satyr in sicher athenischen Bildwerken nachweisen, so ist es erlaubt, ein in Athen bezeugtermafsen aufgestelltes, ohne Meisternamen erwähntes Werk[252]), welches dasselbe Thema in abweichender Auffassung behandelte, aus dem Spiele zu lassen[253]). Denn entweder handelt es sich dann um ein minder berühmtes Werk, von dessen charakteristischstem Zug, dem Schlagen der Athena, die Kleinkunst nicht eine Spur aufbewahrt hat, oder dieses von Pausanias erwähnte Werk war das des Myron, sei es dass der Perieget es falsch deutete, sei es dass hinter der an sich guten, aus inneren Gründen nicht anfechtbaren Lesart unserer Handschriften ein Fehler im Archetypus steckt[254]).

Die genannte Voraussetzung wird nun in der That erfüllt, da der sehr individuell ausgeprägte Typus[255]) der Statue des Laterans in mehreren attischen Werken wiederkehrt[256]).

Marsyas, Gratulationsschrift d. Univ. Marb. an d. arch. Inst. 1879. Dazu kommt Petersen, AZ 1880, S. 25. C. v. Pulszky, AZ 1879, S. 91 f. zu Tfl. 8. Murray (mit Zusatz von Lenormant), Gaz. arch. 1879, p. 241 ff. zu pl. 34. 35. Murray, Hist. of Gr. sculpt. I 218 ff. v. Sybel Mitt. d. ath. Inst. V, S. 342. Overbeck, Plastik ^{3} I, S. 208 ff. Collignon zu Rayet, monum. de l'art ant. I 33. 34.

250) Jetzt kommt dazu eine schöne Wiederholung des Kopfes im Besitz des Barone Baracco Matz-v. Duhn I 451; vgl. Lenormant Gaz. arch. 1879, p. 248. Helbig, BdJ 1880, p. 12. Friederichs-Wolters 455. Ein schlechter Torso im Concetto des lateran. Marsyas Matz-Duhn I 442.

251) Petersen AZ 1880, S. 26.

252) Paus. I 24, 1.

253) Ähnlich äufsert sich Conze, Gött. Anz. 1868, 1, S. 324.

254) Von allen Verbesserungsvorschlägen (s. Pausaniae descr. arc. Ath. ed. Jahn-Michaelis, p. 9) scheint mir der Hirschfelds (*πτοοῦσα*) der annehmbarste. Der neueste von Wieseler, Gött. Nachr. 1885, S. 324 (*Μαρσύαν αὐλοῦντα ἀναπαύουσα* mit Verweis auf DaK ^{3} II 22, 239c) hat vor den übrigen nur die gröfsere Willkürlichkeit voraus.

255) Die charakteristischen Züge sind alle vereint nur in wenigen Werken zu finden; besonders fehlt bei sonst grofser Ähnlichkeit sehr oft der auf den Boden geheftete Blick und damit zugleich, dass Kinn und Bart sich stark an die Brust

Ohne weiteres stimmt A mit a α (β); aber auch mit b, wenn man in Erwägung zieht, dass die unglückliche Profilstellung des l. Beines von dem Stempelschneider nur aus Bequemlichkeit, zur Vermeidung der schwierigen Verkürzung gewählt worden ist und dass die ganze Gestalt aus Raummangel steiler gestellt sein wird, als sie es eigentlich sein sollte. Wir können also bei der Rekonstruktion unserer Gruppe für die eine Figur derselben A einsetzen.

Dagegen sind wir für Athena ganz auf die Werke der Kleinkunst angewiesen, und hier erscheint sie dreimal verschieden[257]). Hirschfeld a. a. O. S. 14 entschied sich nicht, fand aber die gehaltene Ruhe der Göttin in α sehr passend. Aber man wird mir zugeben, dass eine Gruppierung wie auf α selbst bescheidenen ästhetischen Ansprüchen nicht genügt. Und ferner ergiebt eine Vergleichung dieser Athena mit solchen ähnlichen Stils[258]), dass wir es mit einem zu einer gewissen Zeit beliebten Typus zu thun haben, dem eine Reminiszenz an die Parthenos zu Grunde zu liegen scheint. Zur Rekonstruktion der Gruppe lässt sich diese Athena also nicht gebrauchen.

Ferner folgt auch die Athena von a, wie schon v. Sybel bemerkt hat, einem verbreiteten Typus[259]). Im Original, dessen Spiegelbild das Relief giebt, wäre diese Athena schon deshalb unmöglich, weil der Schild an den rechten Arm kommen würde; der linke würde nur

---

andrücken. Dieser Umstand, welchen Hirschfeld a. a. O. S. 14, Anm. 42 berührt, ist sehr wichtig gegenüber den unzähligen freien Nachbildungen des Satyrs, deren von Petersen und Hirschfeld zusammengestellte Reihe ich nicht vermehren will.

256) A. Statue des lateranensischen Museums: Benndorf-Schöne 225.
B. Statuette des Br. Mus. aus Patras: AZ 1879, Tfl. 9. Gaz. arch. 1879, pl. 34. 35. Rayet, mon. de l'art ant. I 34.
a. Relief auf einem attischen Marmorkrater: AZ 1874, Tfl. 8.
b. Athenische Kaisermünze: v. Sybel a. a. O. S. 5. Zsch. f. Num. 1880, S. 216. JHS 1887, pl. Z XX. XXI, wozu p. 132 f.
α. r. f. athenisches Vasenbild in Berlin 2418. Hirschfeld a. a. O. Tfl. I.
β. s. f. Bildchen auf einem Krater in einer bakchischen Szene auf einer r. f. attischen Vase in New-York; nicht publiziert, beschr. v. Lüders BdJ 1873, p. 169.

257) Auf β im wesentlichen wie auf α nach Lüders a. a. O.

258) Benndorf, Gr. und sic. Vasenbilder Tfl. 31, 1, auf einem attischen Gefäfs gleicher Form und Gröfse wie α; Élite céram. I 71, vielleicht auch 77.

259) S. die Zusammenstellung bei R. v. Schneider, Geburt d. Athena Tfl. I, wozu noch die von Hirzel auf die myronische Gruppe bezogene kapitolinische Athena AdJ 1864, Tvl. Q kommt; vgl. JHS 1887, pl. Z VIII—X. XIII und p. 129 f., sowie Ath. Mitt. XI, S. 311.

dann Schildarm werden, wenn man mit v. Sybel statt von beiden nur von einer der Figuren das Spiegelbild nähme (s. u.).

So bleibt die gewiss hinreichend individuell gestaltete Athena von b. Nimmt man an, dass auch sie dem Raume zulieb etwas gedrängter und steiler gestellt ist als im Original und denkt sie sich mit gebeugtem r. Bein, in einer Schrittstellung also, die dem Zurückweichen des Satyrs entspricht, so erhält man ungefähr die Stellung, deren Spiegelbild die Athena des Reliefs a giebt. So weit stimme ich mit v. Sybel überein. Merkwürdigerweise aber stöſst dieser sich (S. 8) daran, dass Athena auf b mit der L. agiert und erklärt, einzig auf dieser Grundlage weiterbauend, dass alle vollzähligen Darstellungen immer nur eine der Figuren dem Original entsprechend, die andere im Spiegelbilde wiedergeben. Ich kann hier nicht ausführlich wiedergeben, durch welche Reihe verwickelter Operationen mit Spiegelbildern, Drehungen und Wendungen er endlich seine »Fechterstellung« erzielt, die aber schwerlich viele Freunde finden wird[260]), schon weil der Gebrauch der r. Hand so unentbehrlich, wie im Gefecht, zum Fallenlassen zweier Flöten jedenfalls nicht ist. Aber diese Stellung ist zweifellos falsch, nämlich gegen das Zeugnis der Münze, weil nach dieser Athena über die Schulter sah, der Satyr also in ihrem Rücken herankommen musste.

Ich vermute also, dass Athena deutlicher als auf b im Wegschreiten n. l. begriffen, sich plötzlich umkehrte und die L. abwehrend über die am Boden liegenden Flöten streckte. Ihre r. Hand war schwerlich attributlos; ich vermute hier, wegen der eigentümlichen Haltung dieser Hand auf b, die lässig gehaltene Lanze[261]). So würde die Athena, ganz wie Petersen[262]) sich dachte, in jeder Beziehung dem Marsyas entsprechend komponiert sein: die gebogenen Beine und gesenkten Arme auſsen, die gestreckten Beine und die in wohlabgewogener Gegenbewegung befindlichen Arme innen würden der Gruppe bei aller Energie der Bewegungen ein wohlthuendes Gleichgewicht geben. Den Satyr aber, der Meinung Benndorf-Schönes a. a. O. zuliebe, zugleich als tanzend und zurückprallend aufzufassen, wozu Petersen später[263]) geneigt war, kann ich für keine Verbesserung halten.

---

260) Nur Collignon a. a. O. S. 6 hat sich für v. Sybels Hypothese entschieden.

261) Wie die Lanze jedoch die zurückweisende Haltung der Göttin verstärken sollte (Petersen AZ 1880, S. 26), sehe ich nicht ein.

262) AZ 1865, S. 89 f.

263) AZ 1880, S. 25.

Marsyas kommt, von Neugierde getrieben, in eiligen Sätzen im Rücken der Athena herangesprungen. Die angeblich zierliche Stellung des rechten Fufses erklärt sich zur Genüge daraus, dass der plötzlich in heftigster Bewegung Gehemmte sich durch jenen wie durch die Arme im Momente des Zurückprallens in der Schwebe hält. Freilich wäre dieser packende Konflikt der Bewegungen verschwunden, die Gruppe ihres selbst in dem kleinen Münzbild noch wirksamen höchsten Reizes verlustig, wenn man den Satyr, wie v. Sybel will, fast im Angesichte der Göttin herankommen liefse, jede Überraschung also von vornherein ausschlösse.

Die Gruppe mochte, zumal wenn die inneren Füfse ein wenig näher am Basisrande standen als die äufseren, was zur Verstärkung der Wirkung gedient haben würde, einen etwas reliefhaften Eindruck machen, und dazu passt nicht übel, dass sie ein Gegenstück, die Gruppe des Theseus und Minotauros hatte[264]). Auch zum lateranensischen Satyr stimmt das vortrefflich, wenn man sich die Arme nach a α richtig ergänzt denkt. Die Bronze B ist hierin freier; der griechische Künstler wusste, was der römische Kopist nicht wusste oder absichtlich nicht berücksichtigte, dass diese Figur, um als Einzelstatue zu wirken, umkomponiert werden müsse; so ist denn diese Figur mehr auf Vorderansicht berechnet, und die l. Hand, der r. Ellbogen ragen weit über die idealen Parallelebenen hinaus, zwischen welche man den lateranensischen Satyr bequem einschliefsen könnte.

Blicken wir von diesem Werke, das als Kunstwerk wie insbesondere als statuarische Gruppe das Nahen einer reichen Zukunft zu verkünden scheint, zurück auf die ansehnliche Zahl dieser fast durchweg aus zwei Figuren bestehenden Handlungsgruppen, so bemerken wir leicht, wie allmählich die statuarische Kunst auf diesem Gebiete von dem Vorbilde der älteren in der Fläche darstellenden Kunst sich emanzipiert. Die von uns als primitive Handlungsgruppen bezeichneten Werke waren fast nicht mehr, als naive Übertragungen jener alten figurenreichen Bilder in die Form des Rundbildes; aber auch als die statuarische Kunst ihre höchste Aufgabe, die Statue, mit Bewusstsein erfasst und die Überschreitung einer mäfsigen Figurenzahl als gefährlich erkannt hatte, wirkten die Einzelformen und noch länger der Inhalt jener alten Darstellungen auf die neugeschaffene Kunstform ein.

---

264) Paus. I 24, 2; vgl. Michaelis, Ath. Mitth. II, S. 1 ff.

Es hat für diese befruchtenden Nachwirkungen der an sich bescheideneren Werke der alten Zeit auch in späteren Zeiten, als beide Künste Werke der höchsten Reife und Vollendung erzeugten, nie an Analogieen gefehlt: wie die Gestalt der Hauptgegenstand der Plastik, so ist die Darstellung von Handlungen das Vorrecht der Malerei geblieben, und es ist nur natürlich, dass die statuarische Kunst hier oft genug bei Malerei und Relief in die Schule gegangen ist.

Schluss.

Die bisherigen Untersuchungen haben dargethan, dass die im eigentlichen Sinne erst von der griechischen Kunst ausgebildete Form der statuarischen Gruppe auf zwiefache Weise entstanden ist: einerseits durch Aneinanderreihung von Einzelstatuen, anderseits durch Übertragung der in Malerei und Relieftechnik schon fertig vorliegenden Form der Gruppe in das Gebiet der statuarischen Kunst. Wir sahen ferner, dass dem verschiedenen Ursprung auch zwei verschiedene Arten der Gruppe entsprachen; dass in den auf dem ersteren Wege entstandenen Gruppen die einzelnen Figuren als solche eine überwiegende Bedeutung behielten und die allmählich als unerlässlich empfundene verbindende Handlung mehr dienend auftrat, während auf dem anderen Wege sich eine Gruppe ausbildete, in der die Figuren zunächst nur die statuarische Unterlage der als Hauptsache dargestellten Handlung bildeten. In beiden Fällen führte die Handlung als aktives Moment auftretend die Vervollkommnung der Urformen herbei; vor dem Fehler der Eintönigkeit, dem die einseitig ausgebildete Gesellschaftsgruppe der ägyptischen Kunst verfiel, ist die griechische Gruppe bewahrt geblieben, indem sie besser als jene von der älteren dekorativen Kunst zu lernen wusste[265]).

Wie wir nun die charakteristischen Elemente der beiden Hauptformen, Gestalt und Handlung, in wechselndem Verhältnis der Kräfte in einer Reihe von Mischformen wirksam fanden, deren gemeinsames Merkmal die gröſsere Figurenzahl war, so haben auch zwischen den

---

265) Der oft ausgesprochene, oft mit übertriebener Schärfe betonte Satz, dass die statuarische Kunst mit der Darstellung einer Gruppe über ihre Grenze schon hinausgehe und »malerisch« werde, erfährt so eine gewisse Bestätigung auch von Seiten der historischen Betrachtung.

Gruppen von beschränkter Figurenzahl die Grenzen sich oft verwischt, und besonders die spätere Kunst hat Gruppen in Menge geschaffen, in denen die Momente der Handlung und der Gestalt sich das Gleichgewicht halten. Eine strenge Definition der statuarischen Gruppe wird daher beiden Grundformen, ohne besondere Betonung der zwischen ihnen obwaltenden Unterschiede, gerecht werden müssen.

Aber damit ist die Frage noch nicht erledigt, wie weit oder wie eng eine solche Definition zu fassen sei. Schon die bisherigen Untersuchungen gewähren einen ausreichenden Überblick über die bunte Menge dessen, was die Kunst auf diesem Gebiete zu schaffen im stande und geneigt war, und es wird, da eine treffendere Bezeichnung fehlt, auch ferner das Wort »Gruppe« im weiteren Sinne auf alle statuarischen Gebilde anzuwenden sein, die aus mehreren Figuren sich zusammensetzen, mit Ausnahme etwa der eine Sonderstellung einnehmenden, schon durch den Sprachgebrauch richtig gekennzeichneten Reiterstatuen. Legt man aber einen strengeren ästhetischen Mafsstab an, so wird man nicht umhin können, vielen dieser »Gruppen« das Recht auf ihren Namen zu bestreiten. Auszuscheiden sind dann vor allen und als unreife Vorläufer der wirklichen Gruppe zu behandeln die durch blofse Nebeneinanderstellung von Statuen entstandenen, also nur äufserlich, durch die gemeinschaftliche Basis, zu einem Ganzen gewordenen, nicht minder aber die nur teilweise durch Handlung belebten Figurenvereine und Figurenreihen. Es bleiben demnach nur übrig diejenigen Figurenverbindungen, in denen eine verbindende Handlung, schwach oder stark, leiseste Berührung oder unlösbare Verschlingung, jedenfalls aber als so wesentlicher Zug auftritt, dass jede der verbundenen Figuren ihres Charakters als Einzelstatue entkleidet wird und aus dem Zusammenhange herausgerissen nicht in demselben Sinne oder nicht in demselben Mafse zu wirken vermöchte, wie in jenem Zusammenhange. Es genügt also nicht, die ursprünglich ruhig nebeneinandergestellten Figuren überhaupt handeln zu lassen, sondern die Handlung muss sich zwischen den Figuren abspielen, sei es dass sie von einer Figur als Subjekt auf die andere als Objekt übergeht oder, wie in der vollkommeneren Form, dass jede der Figur sowohl Subjekt als Objekt einer Handlung ist. Zwei nebeneinander vorschreitende Krieger lassen sich nicht dadurch zu einer Gruppe in diesem strengeren Sinne umgestalten, dass man für Abwechselung in Haltung, Schritt, Bewaffnung oder Aktion sorgt; sie würden dann allerdings weniger eintönig wirken, aber doch nur Variationen der Einzelfigur sein. Dagegen werden sie sofort zur Gruppe, wenn die Handlung zwischen ihnen vorgeht. Was die Tyrannenmörder zur Gruppe macht, ist nicht ihr gemeinsames Vorstürmen gegen den hinzuzudenkenden Feind, sondern die Deckung des einen durch den andern.

Dazu kommen noch einige andere, allerdings fast selbstverständliche Bestimmungen. Erstlich sind die Bestandteile einer statuarischen Gruppe stets nur die Bilder lebender Wesen, entgegen dem Sprachgebrauch zumal der Italiäner, welcher auch Darstellungen von Verbindungen belebter mit unbelebten Körpern oder unbelebter unter sich mit diesem Namen bezeichnet[266]). Ferner ist im allgemeinen Gleichwertigkeit der verbundenen Massen zu fordern, wie schon oben an einigen Beispielen gezeigt wurde. Den praxitelischen Sauroktonos, einen mit einem Frosch oder Schmetterling spielenden Knaben wird niemand unter die Gruppen rechnen. Mildern lässt sich diese Forderung nur in einigen Fällen, wo geistige Gleichwertigkeit die fehlende der Massen einigermafsen ersetzt; dies gilt besonders für Gruppen von Erwachsenen und Kindern, wie z. B. die kinderpflegenden Gestalten, deren Reihe die Eirene des Kephisodot eröffnet und denen man wohl allgemein den Namen von Gruppen zugesteht.

Wir verstehen also unter statuarischer Gruppe im engeren Sinne die in der Form des Rundbildes gegebene Darstellung von materiell, zum mindesten aber geistig gleichwertigen lebenden Wesen, welche durch zwischen ihnen sich abspielende Handlung — das Wort im weitesten Sinne genommen — zu einem Ganzen verbunden sind.

Es würde die dieser Arbeit gezogenen Grenzen überschreiten, wollte ich mit Hilfe der von der griechischen Kunst geschaffenen, zum grofsen Teil den späteren, hier nicht besprochenen Perioden angehörigen Gruppen auf diese Definition die Probe machen. Wenige Bemerkungen mögen genügen.

Die geforderte Verknüpfung durch Handlung lässt sich um so inniger gestalten, je geringer die Zahl der zu verbindenden Figuren ist. So erklärt sich der auch bei flüchtigem Überblick sofort in die Augen fallende Unterschied zwischen figurenreichen Gruppen und solchen von

266) Ich verweise nur auf die jährlichen »Elenchi« des Bull. com. di Roma. Ein sprachliches Monstrum deutscher Herkunft ist die »Gruppe der Artemis« AZ 1880, S. 184.

beschränkter Figurenzahl. Die engste Verbindung, nämlich die durch wechselseitige Handlung, ist überhaupt nur bei zwei Figuren möglich; schon bei drei Figuren ist es kaum möglich, jede mit jeder zu verbinden; je höher die gegebene Figurenzahl steigt, desto mehr wird der Zusammenhang gelockert: der Künstler muss sich begnügen, je die benachbarten Figuren untereinander zu verbinden, wie in den phantasievoll erfundenen 3-figurigen Gruppen des olympischen Westgiebels oder, um ein jüngeres Beispiel anzuführen, in der bekannten Charitengruppe, oder er muss innerhalb der gegebenen Masse, um auf die günstige Zweizahl zurückzukommen, eine Scheidung vornehmen, sei es wie Onatas in seiner Achaiergruppe oder wie der Meister der athenischen Giebelgruppe und höchstwahrscheinlich der (oder die) Künstler des attalischen Weihgeschenkes. Kein Wunder, dass die Gruppen von 2 Figuren an Zahl weit überwiegen, dass schon die aus 3 oder gar 4 Figuren bestehenden selten sind und dass bei den Massengruppen meist sehr deutlich das Bestreben sich zeigt, den durch innere Mittel nicht mehr bequem zu erreichenden Zusammenhang durch äufsere Hilfe, sei es durch architektonisch strenge Anordnung, wie in der Memnon-Achilleusgruppe des Lykios, sei es durch wirkliche Anlehnung an Architekturformen, wie in den Giebelgruppen, zu erzielen.

Nach dem Verhältnis, in welchem die Bedeutung der verbindenden Handlung zu der der Figuren selbst steht, richtet sich die andere, minder scharfe Scheidung der Gruppen in Gesellschafts- und Handlungsgruppen. Für die ersteren, in denen sich die Figuren mehr an den Beschauer wenden, die verbindende Handlung nicht stark genug ist, die Figuren ausschliefslich in ihrer Wechselbeziehung aufgehen zu lassen, mögen aufser den Tyrannenmördern die Demeter-Koragruppe des Damophon bei Akakesion, die vatikanische Asklepios-Hygieiagruppe, die des Herakles und der Omphale in Neapel und die Gruppe von S. Ildefonso als Beispiele dienen. Die Handlungsgruppen, in welchen das Überwiegen der Handlung die Figuren völlig vom Beschauer abzieht, werden durch die unzähligen Kampfgruppen aller Perioden und durch die von den Alten durch einen besonderen Namen ausgezeichneten Symplegmata am besten vertreten. Natürlich sind auch die Mittelstufen nachweisbar: ich will durch Eros und Psyche vom Kapitol, die Gruppe des Menelaos, die Sieneser Chariten, die Neapler Orestes-Elektragruppe diesen allmählichen Übergang in Kürze charakterisieren.

Die archaische Kunst war die Erfinderin der statuarischen Gruppe, und zu einer strengeren Fassung der Probleme, die sich an diese Erfindung knüpften, sehen wir diese bedächtig sich entwickelnde Kunst im Zeitalter ihrer Reife erst hindrängen: den Zeiten der vollendeten Kunst, deren Betrachtung einer anderen Gelegenheit vorbehalten werden muss, fiel die Aufgabe zu, die neugewonnene Kunstform mit bewusster Strenge auszugestalten und ihr die Mannigfaltigkeit und Fülle des Stoffes zuzuführen, welche ihr einen ehrenvollen Platz neben der Einzelstatue sichern sollte.

Berichtigung.

In A. 256 ist *β* zu streichen, desgleichen wird A. 257 hinfällig, da die soeben erschienene Abbildung des Kraters JbdJ II, S. 194 die Ungenauigkeit der früheren Beschreibung und die Bedeutungslosigkeit des Bildchens für unsere Frage erweist (vgl. o. A. 255 und den Zusatz von Conze a. a. O. S. 194 f.). Eine vor langer Zeit von J. Morgenthau erbetene Bause war mir leider nieht zugegangen.

Sachregister.

A.

B.

C.

D.

I.

K.

L.

M.

N.

O.

P.